M¹ˢ D'ESPINAY St-LUC

Études sur la
Question sociale

(Extraites de l'ÉCHO DE LA SOLOGNE)

Mᴵˢ D'ESPINAY Sᴛ-LUC

Études sur la Question sociale

(Extraites de l'ÉCHO DE LA SOLOGNE)

ROMORANTIN

IMPRIMERIE A. STANDACHAR ET Cⁱᵉ

1905

AVANT-PROPOS

—

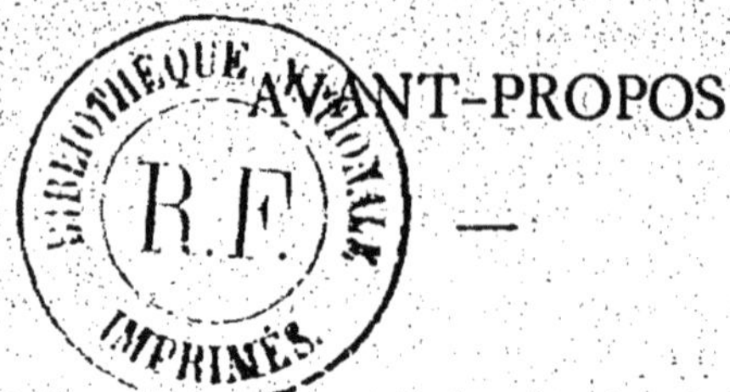

Écrits pour répondre à des socialistes ouvriers, qui répandent dans nos campagnes leurs théories dissolvantes, les différents chapitres réunis ici n'étaient pas destinés à faire un volume. Des amis bienveillants m'ont manifesté le désir de les répandre. Ils prétendaient que la simplicité des raisonnements met ces questions à la portée de gens qui ne veulent pas s'y arrêter à cause de l'aridité des sujets et de complication de l'exposé des doctrines.

D'autres amis ont bien voulu faire plus et souscrire à l'impression. Je ne pouvais pas refuser dès lors à donner à mon œuvre une publicité que je ne croyais pas mériter. J'espère qu'elle sera bien accueillie et portera les fruits que mes amis en attendent.

Mᶦˢ D'ESPINAY Sᴛ-LUC.

Romorantin 1905.

CHAPITRE I.

—

CAPITAL ET TRAVAIL

Les dernières élections ont été pour les socialistes une occasion de porter leurs doctrines dans les campagnes. Bien que ces doctrines datent de plus d'un siècle et que la philosophie elle-même en ait fait justice depuis longtemps chez les gens d'une haute instruction, comme les J. Lemaître, Faguet, Coppée et avant eux les H. Taine, F. Le Play, etc., il n'est pas sans intérêt de suivre la manière dont des philosophes moins érudits les colportent avec un dévouement et une intelligence qu'on regrette de ne pas voir au service d'une meilleure cause.

Éclairés par l'éducation laïque, disent-ils, *les ouvriers des campagnes vont pouvoir désormais connaître leurs droits, apprendre à se sentir les coudes et devenir les maîtres, non pas pour tout bouleverser, mais pour obtenir que le travail ne soit plus la victime du capital.*

Examinons d'abord l'éducation laïque elle-même.

Malgré des monuments tels que les cathédrales, les anciennes abbayes, les nombreux volumes qu'on trouve dans les bibliothèques, qui attestent le grand rôle joué par les religieux vis-à-vis des arts, vis-à-vis de l'agriculture et vis-à-vis de l'érudition en général ; malgré le fait d'un homme appelé le Pape, qui traite avec tous les pays du monde, ce qui prouve que la religion catholique est considérée par tous les peuples comme une doctrine qui mérite attention ; malgré le sentiment intime qu'a chaque homme, qu'il y a une religion ; malgré toutes les preuves historiques qui établissent que la religion a toujours joué et jouera toujours un grand rôle sur la terre (car s'il y a des exemples d'hommes qui n'ont aucun sentiment religieux, il n'y a jamais eu d'exemple d'un peuple sans religion) ; malgré tout cela, l'instruction laïque refuse à l'homme des connaissances qui sont au moins très intéressantes à cause de leur importance passée. Elle est donc, par ce fait, inférieure à l'instruction congréganiste, qui enseigne comme elle tout ce qui est profane et en plus ce qui est religieux.

L'instruction laïque qui ne met pas l'homme à même de juger des deux enseignements l'éclaire donc moins que l'instruction congréganiste. De même que le paysan qui n'apprend à son fils qu'à labourer, le met moins à même de gagner sa vie que celui qui lui apprend aussi à travailler au bois. En tout un homme qui sait deux choses est plus instruit que celui qui n'en sait qu'une : et le gouvernement qui *empêche* l'homme de recevoir deux instructions *renie la liberté*. Le gouvernement n'a pas plus le droit d'imposer un minimum d'instruction aux intelligences d'élite, qu'il peut obliger les faibles d'esprit à acquérir un maximum.

Voyons maintenant comment les socialistes, éclairés par l'instruction laïque, comprennent les intérêts des ouvriers.

« *Le capital,* disent-ils, *est l'ennemi du travail quand il* « *est concentré dans des mains privilégiées. Il doit être réparti* « *entre les ouvriers.* »

A cela nous répondons :

Jamais le capital n'est l'ennemi du travail ; car sans le

capital comment payer le travail, et sans le travail que faire du capital ? *On paye en nature*, répond un socialiste.

Soit, mais quand l'ouvrier aura reçu ce dont il a besoin, que fera-t-il du surplus ? *Il le donnera en échange d'autres choses, à d'autres qui en auront besoin*, reprend le socialiste.

Alors le travail de l'homme se trouvera limité à ses besoins. Le socialiste empêche l'homme intelligent, instruit, fort, de mettre à profit toute son intelligence, toute son instruction, toute sa force. C'est encore une atteinte à la liberté de l'ouvrier.

Il est donc juste qu'il y ait une matière, or, argent ou papier, qui ait une valeur de convention constituant ce qu'on appelle le capital et qui puisse être acquise par l'ouvrier en récompense du travail qui excède ses besoins. Si ce capital n'existe pas, l'ouvrier est privé de l'emploi d'une partie de ses facultés. Plus le capital sera considérable, plus l'ouvrier aura de chances de voir naître des occasions d'étendre son instruction et d'utiliser son intelligence, son adresse et sa force. Car l'intérêt du capital, improductif par lui-même, est que l'ouvrier produise.

Donc, le capital, matière inerte, mais expression de la valeur du travail, et le travail, agent producteur mais qui ne peut produire que s'il a une matière à transformer et une susceptible de le récompenser, sont forcément obligés d'être amis et non ennemis, pour assurer le bonheur de l'ouvrier.

Le capital est forcément entre les mains de privilégiés.

L'ouvrier (j'entends l'ouvrier honnête, et mon adversaire est un ouvrier honnête, qui répète aux ouvriers : « Ne vous alcoolisez pas, n'ayez pas d'inconduite, etc. » L'ouvrier, dis-je, acquiert au-delà de ses propres besoins, afin de laisser à ses enfants le surplus qu'il aura économisé ; surplus qui sera représenté, soit par de l'argent, soit par de la terre, soit par une instruction supérieure à celle qu'il avait lui-même, soit par les trois.

Je ne crois pas qu'il y ait un ouvrier honnête qui s'élève contre ce que je dis là. Aux ouvriers qui ne seraient pas de cet avis, je demanderai : « Quel progrès, pouvez-vous espérer, et comment pouvez-vous en espérer en faveur des ouvriers, si chacun est obligé de repartir de zéro ! ce qui est inévitable lorsque le père ne laisse rien aux enfants ?

Donc, il est admis que le père travaille pour laisser ses économies à ses enfants, et que les enfants ont le droit d'hériter de leurs parents ; que le bien, argent, terre ou instruction qui leur arrive par succession, est bien *leur propriété.*

Ceci posé, il faut reconnaître que les hommes naissent blonds ou bruns, forts ou faibles, intelligents ou bornés, sans qu'il nous soit possible d'y changer quelque chose. Par conséquent, il y a forcément inégalité dans les travaux des ouvriers, inégalité dans les successions des ouvriers et inégalité dans les ressources que chaque nouvelle génération possède à son point de départ. Si plusieurs générations se succèdent avec le même esprit de travail, d'ordre et d'économie, les héritiers sont *inévitablement* et *justement* des privilégiés qui auront à leur disposition un très gros capital.

C'est ce gros capital qui permet les expériences, les entreprises hasardeuses, d'où sortent de nouvelles entreprises et de nouveaux travaux dans lesquels les ouvriers nouveaux venus peuvent trouver des emplois. L'ouvrier qui se choque de la poussière dont l'enveloppe une automobile, loin d'être autorisé à maudire celui qui la conduit, devrait se dire : « Ce citoyen a payé les travaux des ingénieurs qui ont conçu cette machine, des ouvriers qui ont extrait de la terre les éléments dont cette machine est formée, de ceux qui ont travaillé ces matières premières, de tous ceux enfin qui trouvent à s'employer autour de cette invention nouvelle. »

Qu'il y ait de ces privilégiés qui ne répartissent pas le capital aussi bien qu'il serait à souhaiter, ce n'est pas contestable. Mais, de quelque manière qu'ils dépensent ce capital, l'ouvrier en ramasse toujours quelque chose. Le capitaliste blâmable, c'est le rentier qui entasse ses revenus.

Si j'accorde qu'il y a des capitalistes qui ne font pas toujours un parfait usage de leur bien, je pense qu'on reconnaîtra qu'il y a aussi des ouvriers qui sont peu consciencieux. Il y a des imparfaits dans toutes les classes de la société.

Etant donné qu'il y a des imparfaits à tous les degrés de l'échelle sociale, quels sont ceux qui nuisent le plus à la société en étant imparfaits ? Je prie de noter que dans chaque classe les imparfaits sont les exceptions.

Ce sont incontestablement les imparfaits de la classe ouvrière. Parce que c'est de leur travail que dépend le succès ou l'insuccès des entreprises conçues par les privilégiés en vue de donner du travail aux ouvriers. L'insuccès retarde les travaux, empêche les bénéfices et ce sont les bénéfices qui engagent à entreprendre et à donner du travail à ceux qui en demandent. Par conséquent, l'ouvrier imparfait nuit aux privilégiés, ce qui est peu grave peut-être, et aux ouvriers ce qui est déplorable.

« *Très bien*, répond le socialiste, *mais pour encourager « l'ouvrier, il faut qu'il ait une part de ces bénéfices, il faut « qu'il ait voix au chapitre dans l'établissement des entre- « prises.* »

Je lui réponds hardiment non.

L'ouvrier a le droit d'accepter ou de refuser un travail, de faire ses conditions. Mais, une fois le contrat passé, il doit l'exécuter et laisser le directeur de l'entreprise libre d'ajouter quelque chose à son salaire. Car, pour avoir d'autres droits, il faudrait encourir d'autres responsabilités que l'obligation de travailler. Or, l'ouvrier qui n'a que son salaire le reçoit en cas d'insuccès comme en cas de succès, même si l'insuccès est dû à une négligence de sa part.

Ainsi, un fermier qui perd un animal de 600 ou 700 f. par suite de la brutalité d'un charretier, qui récolte mal parce que les domestiques ont fait en trois jours ce qu'ils auraient dû faire en un, ce fermier, dis-je, n'en donne pas moins les gages convenus quand la saint Jean arrive et l'ouvrier ne lui rend rien pour le dommage qu'il lui a causé. Il est naturel que l'ouvrier ne rende rien, puisqu'il n'a pas de réserve où puiser ; mais il est juste aussi que le fermier ne lui donne que ses gages convenus. Car, il faut que les ouvriers soient solidaires entre eux, et que les bénéfices que font faire les bons compensent les pertes que font faire les mauvais.

L'ouvrier ne doit pas prétendre à entrer dans les conseils, car, étant donné sa situation et son instruction, il ne *peut pas* avoir la compétence voulue. Suivant qu'il prépare à ses enfants un héritage plus ou moins considérable en biens et en instruction, il peut espérer qu'ils arriveront là où il ne peut prétendre.

La compétence voulue pour se maintenir dans la catégorie des privilégiés, se compose de l'intelligence personnelle des sujets, du capital et des *traditions* laissés par les devanciers. Ce sont ces traditions qui permettent à un fils de succéder à son père en profitant des conseils paternels pour parcourir tous les degrés d'une entreprise plus rapidement que l'ouvrier qui est au premier degré de l'échelle. Comme je l'ai déjà dit, vouloir faire repartir de ce premier degré tous ceux qui naissent, sans leur tenir compte de ce qu'ont acquis les parents, c'est rendre tout progrès impossible, et rendre tout progrès impossible, c'est accumuler les ouvriers sur un même point, non seulement c'est empêcher toute amélioration de leur sort, mais c'est vouloir diminuer les ressources de chacun.

Le salaire de l'ouvrier doit être tel qu'il puisse faire des économies et se constituer un capital, mais tant qu'il n'est qu'ouvrier, ce capital ne doit pas et ne peut pas répondre des insuccès. Tous les ouvriers ne sont pas aptes à gagner le même capital, donc si le capital réparti entre les ouvriers était appelé à répondre des insuccès, les meilleurs ouvriers, les plus économes seraient exposés à payer pour les autres.

Du moment que quelqu'un doit être exposé à payer pour les autres, il est juste que ce quelqu'un ait des ressources plus considérables que les autres et par conséquent que le capital ne soit pas réparti entre les ouvriers.

Le capital n'est donc pas l'ennemi du travail, même quand il n'est pas très bien employé ; il ne lui est hostile que s'il reste enterré. En revanche, le travail qui se révolte ou qui se néglige est, comme nous l'avons vu, l'ennemi du capital et du travail. C'est là ce qu'ont compris les syndicats jaunes. En se rapprochant des patrons, ils assurent à ces patrons des commandes qui n'iront jamais dans des centres où des gens incompétents peuvent être appelés à la direction des affaires ; ils assurent par le fait même du travail aux ouvriers. Telle n'est pas la manière de voir des syndicats rouges.

Selon eux, éclairés par l'éducation laïque, c'est à tous les ouvriers à faire la loi, et les mandats ne doivent pas être confiés aux plus instruits et aux plus intelligents parce qu'ils pourraient avoir envie de s'imposer aux autres et il ne faut pas de maître aux ouvriers.

Ce n'est pas sans une grande stupéfaction que j'ai entendu cette théorie. Je croyais que les ouvriers, ne pouvant pas être tous derrière leurs mandataires dans les conseils, n'ayant pas le temps de prendre un parti à la majorité des voix quand une question imprévue serait posée, confieraient leurs intérêts aux plus expérimentés et aux plus instruits d'entre eux, afin que d'autres ne viennent pas obtenir des décisions contraires à leurs intérêts.

Ce rejet d'un maître est une chose plus théorique que pratique, car forcément pour qu'une entreprise marche, il faudra que les moins instruits et les moins intelligents fassent ce que les autres auront décidé. Il y aura donc toujours des ouvriers qui auront des maîtres. Jamais une entreprise ne réussira si ce sont les gens les moins intelligents et les moins instruits qui reçoivent les clients, et s'il n'y a pas un maître responsable contre lequel le client puisse avoir recours en cas de non-exécution de contrat.

Vouloir que les décisions soient toutes prises à la majorité, c'est vouloir qu'elles soient prises par la médiocrité, le vote donnant le résultat de la moyenne des intelligences. Il tombe sous le sens que l'entreprise dirigée par les intelligences supérieures réussira mieux que celle dirigée par les intelligences moyennes et étouffera cette dernière.

Que l'ouvrier obéisse à un propriétaire, à un patron, à un directeur, à un gérant, à un Conseil d'administration, à une majorité, il faut, dans son intérêt, qu'il obéisse, et par conséquent qu'il ait un maître.

Je crains que l'instruction laïque ait mal éclairé la
lanterne des socialistes en les envoyant prêcher dans les
campagnes l'indépendance des ouvriers. Elle ne leur a pas
montré les conséquences désastreuses de l'union des
ouvriers de campagne entre eux contre les patrons, c'est-
à-dire contre les fermiers, car tout ce qui est vrai pour
les ouvriers en général l'est pour l'ouvrier des campagnes. En outre, l'homme de la campagne, le fermier a
généralement une bonne constitution, il est très intelligent, il a peu de besoins et l'habitude du travail. Il peut
assurer son existence sans sortir de sa ferme : il y peut
même bien vivre ; si les ouvriers veulent être les maîtres,
il ira trouver le propriétaire et lui tiendra le langage
suivant :

« Voici ce qui se passe, dans ces conditions je serai
« ruiné dans deux ou trois ans si j'exécute mon bail et
« après moi vous n'aurez personne. »

Le propriétaire quel qu'il soit, philantropé ou intéressé, n'aura pas deux voies à suivre, il répondra au
fermier :

« Ne nous ruinons ni l'un ni l'autre, mettons bas les
« armes, réduisez la culture à ce que vous pouvez faire
« sans domestique, faites des clôtures pour remplacer les
« pâtres, ayez deux vaches et deux truies et mettons des
« moutons dans le reste de la ferme, même dans les
« bois. Nous tuerons ensemble mouton, cochon, poulet
« et dindon, vous prendrez votre fourniture de bois et
« m'apporterez la mienne ; bref, nous nous arrangerons
« pour vivre tranquilles avec un peu moins d'argent et
« beaucoup moins de soucis. »

Alors renaîtra l'ère des pâtureaux et des terres en fri-
ches. Propriétaires et fermiers attendront, en chassant le
lapin et le perdreau, que l'ouvrier ait compris que son

travail n'a de valeur que si le capital-terre lui est donné pour l'exercer. Il le comprendra vite, car ne gagnant plus rien à la campagne, il ira demander aux ouvriers de la ville une part de leurs travaux et de leurs salaires, ceux-ci baisseront par suite de l'affluence des ouvriers et par suite d'une grande diminution de travail chez les charrons, les bourreliers, les forgerons, les maçons, les charpentiers, les marchands de grains, d'engrais, de bestiaux, les chemins de fer, etc.

Il ne faut pas perdre de vue que l'agriculture seule est productive et entraîne autour d'elle le développement de toutes les ressources industrielles, que plus un pays peut fournir à l'exportation, plus il attire chez lui le capital, plus il améliore le sort des ouvriers. Les théories socialistes que nous venons d'examiner ne peuvent naître que dans des cerveaux d'ouvriers honnêtes mal éclairés, ou dans ceux de filous qui profitent de ce que l'ouvrier est absorbé par son travail afin de vivre et ne peut pas, faute de temps, approfondir des théories séduisantes au premier abord, mais aussi pernicieuses à son moral que l'alcool et la débauche le sont à son corps. Ces filous ont comme but de se faire délivrer des mandats grâce auxquels ils vivront largement aux frais de ceux qui les écoutent. C'est toujours l'histoire du corbeau et du renard.

Enfin on remarque ces idées néfastes chez les mauvais ouvriers, qui trouvent plus simple de prendre que de gagner, de vivre aux dépens de la communauté, c'est-à-dire de leurs camarades, que d'économiser.

Le nombre des socialistes est certainement très considérable, mais il diminue tous les jours ; dans les grands centres ouvriers les syndicats jaunes contrebalancent les syndicats rouges ou peu s'en faut. C'est pour cela que ceux-ci cherchent à faire des recrues dans les ouvriers des campagnes pour boucher les vides qui se font dans leurs rangs. Jusqu'ici l'ouvrier de la ville n'éprouvait qu'un profond dédain pour l'ouvrier de la campagne, pauvre diable inintelligent, uniquement bon à faire des ouvrages grossiers. Grande sera la déception des ouvriers socialistes ; ils feront certainement quelques adeptes ; mais ils ne trouveront pas dans les campagnes la population bornée qu'ils croient y rencontrer. L'homme de la campagne s'instruit lui-même par ses observations plus qu'on ne l'instruit, il a de ce fait une instruction très solide et très étendue, quoiqu'il la montre peu. Ses occupations calmes, multiples, lui laissent le temps de la réflexion et l'obligent au raisonnement. Il a pour ces motifs une instruction et une intelligences très supérieures à celles de l'homme de la ville qui, généralement versé dans une spécialité, trouve autour de lui ce dont il a besoin sans se préoccuper d'où cela vient, qui consacre aux plaisirs de la ville le temps que l'autre donne à la méditation et dont le raisonnement est sans cesse troublé par les colporteurs de doctrines bizarres.

Les campagnes modestes, ignorantes de leur propre valeur, suivront peut-être un instant les syndicats rouges, mais elles en verront vite les inconvénients et se rangeront à côté des syndicats jaunes, syndicats d'ouvriers comme les syndicats rouges. Je ne dis donc pas aux ouvriers des campagnes de s'en rapporter aux maîtres, je leur dis : « Vos camarades des villes sont divisés en deux camps, écoutez ces deux cloches avant de prendre un parti. Ne perdez pas de vue qu'étant donné que nous venons au monde sans choisir notre place, il est fort heureux pour les ouvriers bien doués par la nature, mais sans fortune, qu'il y ait des propriétaires possesseurs de plus de terres qu'ils n'en peuvent exploiter. Sans cela l'ouvrier ne trouverait pas à s'employer, ne pourrait pas devenir fermier et encore moins propriétaire. Nous sommes tous les jours témoin de ces transformations successives des bons ouvriers.

RÉSUMÉ.

L'homme qui borne son instruction à l'instruction laïque, se met dans un état d'infériorité, relativement à ce qu'il serait lui-même s'il ajoutait l'instruction religieuse.

Le capital est aussi nécessaire pour récompenser le travail, que le travail est indispensable pour faire valoir le capital.

Le capital doit être réuni dans des mains privilégiées afin qu'il y ait des gens *obligés* de subir les conséquences des insuccès, quelques soins qu'ils aient eu de ce capital ; l'ouvrier ne pouvant pas être exposé à subir ces conséquences, car les économes seraient exposés à payer pour les débauchés. En outre, il est heureux que le capital, argent ou terre, soit accumulé dans des mains qui ont au-delà de leurs besoins, car s'il en était autrement, les bons ouvriers n'auraient pas à utiliser leurs qualités pour en acquérir justement une partie.

Enfin, admettre les ouvriers à la direction des entreprises, c'est condamner celles-ci à une direction médiocre, si ce n'est mauvaise, et par conséquent à l'insuccès.

CHAPITRE II.

—

TRAVAIL ET ARMÉE

Le socialiste ne veut pas d'armée. Selon lui, *les ouvriers assureront la paix universelle, quand ils seront les maîtres. On ne verra plus de chefs faire tuer des hommes pour se faire donner des décorations et se faire élever des statues. Quoi de plus épouvantable que la lecture du code pénal dans les régiments. Le soldat qui tue par ordre n'est ni plus ni moins qu'un assassin.*

Il faut méconnaître absolument la nature humaine pour croire que la paix universelle pourra jamais être assurée par quelqu'un. Toujours la force cherchera à primer le droit, s'il n'y a pas du côté du droit une force supérieure. C'est ce que nous montrent les syndicats rouges toutes les fois qu'ils veulent retirer aux syndicats jaunes le droit de travailler qu'ils ont au nom de la liberté. Aussi est-on justement surpris d'entendre un partisan des syndicats rouges émettre la prétention d'assurer la paix.

Le socialiste rouge répond que *s'il veut obliger ses camarades à la grève, c'est dans leur intérêt, c'est pour arriver à obtenir cette prépondérance de l'ouvrier qui doit assurer la paix générale. Tant que cette prépondérance ne sera pas obtenue, le socialiste sera obligé de recourir à la force, à son grand regret.*

Malheureusement pour le socialiste, on a vu par ce qui a été dit dans la première partie de cette étude, que l'ouvrier avait droit à la discussion de son contrat avec le patron, mais qu'il était tenu à l'exécution de ce contrat sans avoir droit à autre chose de la part du patron que l'exécution de ce même contrat. Donc jamais l'ouvrier n'a le droit d'imposer la grève à un camarade vis-à-vis duquel le patron exécute le contrat passé. Et du moment qu'il emploie la force pour faire violer un contrat, il est juste et nécessaire qu'il y ait une force à lui opposer ; d'autant plus que nous avons établi aussi qu'il était nécessaire pour les ouvriers d'être dirigés par des patrons et utile de faciliter les entreprises de ces patrons plutôt que de les entraver. Or, le gréviste entrave toujours le patron et nuit par conséquent aux ouvriers en facilitant la concurrence. Si la grève est parfois excusable, ce n'est qu'exceptionnellement, car comme il est toujours de l'intérêt du patron de remplir son contrat vis-à-vis de l'ouvrier afin que le travail soit fait, ce n'est généralement pas lui qui provoque la grève. En tous cas, elle est toujours un procédé défectueux de la part de l'ouvrier. L'existence des syndicats jaunes vient à l'appui de cette opinion. Tant qu'il y aura des syndicats rouges et des syndicats jaunes, il faudra des gens d'armes, c'est-à-dire une armée pour assurer la paix intérieure.

Il faut n'avoir aucune notion de ce que peuvent être les causes d'une guerre, pour ne voir dans une guerre extérieure qu'une occasion pour les uns de gagner des honneurs en faisant tuer les autres. En cela le socialiste montre aux gens un tant soi peu éclairés qu'il est absolument indigne d'arriver au pouvoir.

Les peuples existant différents les uns des autres, il ne faut pas perdre notre temps à examiner l'hypothèse de leur fusion en un seul peuple. Cette fusion n'aura certainement pas lieu avant l'entente des syndicats rouges et des syndicats jaunes. Donc tant que les peuples auront des caractères différents, des besoins différents et des productions différentes par suite des climats, des terrains, de la situation géographique, ils auront des intérêts différents. Ils seront donc exposés à vouloir empiéter les uns sur les autres. Ils seront donc obligés d'avoir un élément fort, *une armée*, à opposer aux éléments forts des autres.

Quels peuvent être ces intérêts que l'armée est appelée à soutenir ?

Ces intérêts se résument en ces mots : *le travail de l'ouvrier*.

En effet, l'ouvrier se voit contraint de ne pas utiliser toutes ses forces et de limiter son travail à ses besoins, par conséquent de ne pas améliorer sa situation, si le peuple dont il fait partie se borne à ne produire lui-même que le nécessaire.

Si un peuple produit au-delà de ses besoins pour améliorer le sort des ouvriers, il faut qu'il écoule ailleurs ses produits. De là deux obligations : 1° de passer avec les peuples voisins des traités de commerce ; 2° chercher à pénétrer chez des peuples nouveaux pour leur apporter la civilisation et ses bienfaits, en même temps que le résultat du travail des ouvriers.

Deux choses qui exigent une armée, afin que les droits de chacun soient respectés dans les traités de commerce et afin que nos apôtres de la civilisation ne soient pas maltraités avant d'avoir été compris et même souvent écoutés par les peuples découverts. Dès lors qu'il y a des gens — les soldats — qui s'exposent à la mort pour protéger le travail de leurs frères — les ouvriers — il est juste qu'ils en soient récompensés. Il est même beau de leur part de se contenter la plupart du temps de récompenses honorifiques ; car les militaires qui ont fait fortune dans la carrière des armes sont une bien petite minorité. On voit que dans l'ordre naturel des choses, les honneurs militaires ne sont pas le but des guerres, mais la conséquence des guerres, dont la cause est la protection due aux ouvriers, dont le travail ne serait pas rémunéré si les produits n'avaient pas d'écoulement, et pour écouler les produits, il faut sortir de chez soi. Il faut reconnaître que les guerres n'ont pas toujours de bonnes causes. Il en est des guerres entre les peuples comme des querelles entre les individus. Au début l'un a tort l'autre raison et finalement il y a souvent des torts des deux côtés. Il convient de voir en cela une des conséquences des imperfections humaines, mais il ne faut pas y voir un motif de suppression de l'armée. Celle-ci reste nécessaire et le résultat final de son action, c'est la sécurité et l'extension du bon ouvrier. Ce qui s'est passé chaque fois que nous avons eu des grèves en France, et l'essor merveilleux du commerce allemand depuis 30 ans sont des preuves incontestables de la justesse de la théorie opposée à celle des socialistes.

En France, l'armée n'a malheureusement pas une organisation saine. Les idées socialistes ont envahi le Parlement avec les mandataires des ouvriers socialistes, qui ont vu dans la défense de ces idées un moyen d'arriver à des situations lucratives. Préoccupés d'eux-mêmes, vivant au jour le jour, ces mandataires redoutent plus que les ouvriers une armée qui les remettrait à la place obscure dont ils n'auraient jamais dû sortir. Aussi tout en mettant en avant les grands mots de *patriotisme*, de *défense nationale*, sont-ils arrivés à civiliser l'armée en prétendant militariser la nation. En vain quelques voix autorisées de militaires ayant fait preuve de patriotisme se sont-elles élevées contre la dissolution de notre armée. Nous avons aujourd'hui des soldats trop jeunes qui ne passent pas sous les drapeaux un temps assez long pour être pénétrés du rôle utile de l'armée, des hommes mûrs trop intéressés à la vie civile et pour lesquels les 28 jours sont un impôt trop dur pour qu'ils acquièrent ou retrouvent l'esprit militaire. Le service militaire tel que nous l'avons est un ennui pour les classes aisées et un impôt très lourd pour l'ouvrier. En outre, il nuit au travail, car pour que l'armée remplisse son rôle protecteur, il faut la mettre sur le pied de guerre et priver de travail les ouvriers les plus vigoureux. Il n'y a peut-être pas de loi qui viole davantage l'égalité.

L'ancienne loi, mieux en harmonie avec l'esprit et les besoins de la France, faisait bien peser sur l'ouvrier l'obligation du service, mais en ne prenant pas tout le monde elle n'écrasait pas trop les ouvriers. On échappait au mauvais sort comme on vient au monde sous une bonne étoile.

De plus, par le remplacement et le rengagement elle permettait de restreindre davantage le nombre des appelés et de garder sous la discipline et le code militaire une bonne partie des désœuvrés qui errent dans la campagne sous le nom de traîniers et sont pour elle un impôt très considérable. Dans l'armée, ces gens-là avaient, en temps de guerre, l'occasion de faire de belles choses qui réparaient leur vie crapuleuse. Aujourd'hui, ils ne peuvent que développer leurs vices sous l'influence de la paresse et chercher à éviter le gendarme. Je me demande ce que le socialiste fera de cette catégorie de gens, quand il aura supprimé le gendarme et réparti le capital entre tous les ouvriers ? Comme il ne me l'a pas dit, je ne puis examiner ses idées sur ce point, et je prétends qu'il faudra toujours un homme armé, ne serait-ce que pour protéger *l'ouvrier socialiste capitaliste* contre le traînier.

Généralement, on tourne les yeux et les pensées vers les choses qu'on aime. Le bon troupier, l'homme honnète, dont le principal désir est de bien faire, ne fait pas attention au code pénal militaire; celui-ci ne frappe que le mauvais soldat, qui est surpris de voir qu'on a prévu tous les mauvais desseins qui lui viennent à l'esprit. Ne se rappeler de la vie militaire que la lecture du code pénal, c'est avouer qu'on était un très mauvais soldat, qu'on ne songeait nullement aux camarades ouvriers, qui croyaient qu'un des leurs veillait sur eux, comme eux-mêmes avaient veillé ou veilleraient sur lui. Qu'il vienne à l'idée du socialiste de comparer le soldat au bourreau, ce serait explicable, car il est certain que dans le cas d'exécution d'un jugement le soldat remplace le bourreau, mais jamais ce soldat n'est assimilable à un assassin. Il agit toujours pour la bonne cause; il y a au-dessus de lui un tribunal qui lui enlève toute responsabilité. A la guerre, il est très au-dessus du bourreau, car, outre qu'il y a un jugement pour déclarer la guerre, il s'expose à être vic= time de cette guerre.

RÉSUMÉ

Tant que la fusion rêvée par les socialistes n'aura pas fait disparaître les différences d'intérêts qui existent entre les peuples, ceux-ci seront dans l'obligation d'avoir des armées pour défendre le travail et la prospérité des ouvriers à l'extérieur.

Tant qu'il y aura chez les peuples des individus paresseux, traîniers ou autres, qui voudront vivre aux dépens des travailleurs, les peuples seront obligés d'avoir des armées pour protéger le travail à l'intérieur.

Ce rôle de protecteur expose celui qui le remplit à perdre la vie, jamais il ne viendra à la pensée d'une intelligence saine de le comparer à un bourreau, encore moins à un assassin. Pareille idée ne peut naître que dans l'esprit de ceux qui craignent la répression militaire, parce qu'ils ont envie de la mériter, peut-être même parce qu'ils la méritent.

Il n'y a pas de sécurité pour le travail sans l'armée. Mais il faut une armée indépendante du travail, c'est-à-dire qui puisse être mise en mouvement sans apporter de perturbation dans le travail.

CHAPITRE III

—

INSTRUCTION

J'ai exposé brièvement au début du chapitre 1er l'infériorité de l'instruction laïque vis-à-vis de l'instruction congréganiste. Je pense que pas un de mes lecteurs n'a contesté que l'homme qui sait deux choses est plus instruit que celui qui n'en sait qu'une. Il convient, je crois, de revenir sur cette question et de l'examiner à plusieurs points de vue.

1° L'instruction congréganiste a toujours donné ce que donne l'instruction laïque avec le même succès, si ce n'est avec plus de succès. Une première preuve en est dans les résultats des examens subis par les élèves à quelque degré qu'on regarde. Il faut observer que les juges étaient toujours pris parmi les laïques ; ils ne peuvent donc pas être accusés d'avoir favorisé leurs concurrents. Une seconde preuve réside dans l'affluence des élèves dans les établissements congréganistes : ceux-ci n'étant pas alimentés par les bourses de l'Etat, auraient dû être moins prospères.

Il est donc incontestable que si les congréganistes n'enseignaient pas mieux que les laïques, ils enseignaient au moins aussi bien. Quant à la liberté, elle a été foulée aux pieds, puisque les congréganistes ont été expulsés par la force ; on a droit d'être surpris en voyant des socialistes, apôtres de la suppression de la force, se faire approbateurs de l'emploi de la force pour étouffer la liberté d'enseignement.

Il est également incontestable que les congréganistes

étaient une grosse économie pour l'Etat, surtout en ce qui concerne l'instruction primaire ; car, il faudra les remplacer dans beaucoup d'endroits par des laïques qui ne se contenteront pas de leurs modiques salaires ; beaucoup d'entre eux étaient payés par ceux qui s'en servaient. Enfin, il faudra construire ou acheter des écoles libres vides.

En troisième lieu, il convient de considérer que les deux instructions, laïque et congréganiste, se faisaient concurrence, étaient un stimulant l'une pour l'autre, que par conséquent l'instruction était mieux donnée. Dès qu'on supprime l'une, on ouvre la porte à la négligence chez l'autre.

L'homme n'est responsable de ses actes qu'autant qu'il agit avec connaissance de cause ; or, il ne peut agir avec connaissance de cause que s'il sait, et il ne sait que s'il a été instruit. Un homme qui éprouve un dommage par suite d'un manque d'instruction, est en droit de reprocher à l'Etat de ne pas lui avoir donné la possibilité d'apprendre tout ce qu'il voulait et pouvait apprendre. C'eût été à lui une fois instruit de juger s'il devait ou ne devait pas faire usage de son instruction. L'Etat n'a pas le droit de le priver de sa liberté sur ce point, car l'usage de cette liberté ne peut nuire à personne.

On a le droit de s'étonner du silence des instituteurs laïques et de ne pas les voir réclamer contre le renvoi de leurs concurrents. Ils devraient demander la liberté d'enseignement pour montrer leur supériorité. Se taire et même applaudir à la suppression de la concurrence, c'est avouer qu'on la redoute, c'est-à-dire qu'on lui est inférieur ; les congréganistes n'ont jamais demandé la suppression des laïques ; partout où il se sont établis, ils se sont fait juger par leurs œuvres, et ce sont ces œuvres qui ont attiré à eux.

En quoi réside donc la supériorité de l'instruction congréganiste ?

La supériorité de l'instruction congréganiste réside dans son double enseignement profane et religieux.

La partie invisible de l'homme, l'âme, a deux genres de facultés : les facultés intellectuelles, par lesquelles elle acquiert l'instruction, et les facultés morales, par lesquelles elle acquiert la manière de faire usage de cette instruction. Cette deuxième partie des connaissances de l'homme s'appelle l'enseignement religieux.

Je sais bien que l'enseignement laïque a la prétention de former les hommes à la vertu. Mais on m'accordera que jusqu'ici la vertu laïque n'a jamais été bien définie ; que les philosophes qui se sont écartés de la religion catholique ont présenté tellement de doctrines, que les plus érudits sont bien embarrassés pour choisir entre elles. Enfin, nombreux sont ceux qui, las de chercher ailleurs, sont revenus au catholicisme.

La morale laïque, réglée par les lois humaines, a dû jusqu'ici avoir recours au gendarme et à l'agent de police, pour ne pas être mise de côté, tandis que la morale religieuse n'a jamais eu pour protecteur que la conscience de chacun. Les partisans de la morale laïque disent : « Pas vu, pas pris. » Les autres disent : « Je ne ferai pas cela, ma conscience me le défend. » Si les socialistes, qui veulent la suppression de la force, étaient logiques, ils s'adresseraient à l'instruction congréganiste pour faire des adeptes, plutôt qu'à l'instruction laïque. Mais ces apôtres de la *paix universelle,* qui prêchent *la lutte* des ouvriers contre les patrons, ne songent pas à être logiques.

La conscience, ce gendarme invisible, que nous sommes libres, *toujours libres* de ne pas écouter, nous est révélé par l'instruction religieuse. Quelque libres que nous soyons de lui obéir, nous ne pouvons pas lui échapper. C'est pour cela que le socialiste rejette l'enseignement congréganiste, comme nous l'avons vu rejeter le code pénal militaire.

Telle est la principale cause de la supériorité de l'enseignement congréganiste sur l'enseignement laïque. L'homme soumis à la voix de *sa conscience* fait mieux que celui qui ne craint que la force.

Une seconde cause d'infériorité pour l'instruction laïque, c'est son principe fondamental. *Elle se base sur les droits de l'homme*, tandis que l'instruction congréganiste *se base sur les devoirs de l'homme*. L'homme, dans quelque condition qu'il naisse, naît avec des devoirs. Tout dans la vie commence par des devoirs. L'enfant qui vient au monde n'a aucun *droit* d'y venir ; mais comme il n'y vient pas de son plein gré, ses parents *doivent* lui donner des soins, mais ce n'est qu'une avance. Par ces soins, ils acquièrent *des droits* à la reconnaissance de l'enfant. De ce fait, celui-ci contracte une dette, c'est-à-dire des *devoirs* vis-à-vis d'eux. Pour raisonner autrement, il faut prétendre que la vie n'est pas un bien. Ceux qui pensent ainsi sont en opposition avec la majorité, à en juger par la crainte que la majorité a de la mort. Les socialistes qui veulent qu'on obéisse à la majorité, qui ne veulent pas de guerres, doivent considérer la vie comme un bien et alors admettre mon raisonnement.

L'ouvrier qui s'engage à faire une besogne *n'a droit* au salaire qu'après l'exécution du travail ; celui qui a commandé le travail *n'a droit* à son exécution que dans les conditions convenues, il ne peut les modifier que moyennant indemnité, car il a contracté le *devoir* de faire faire le travail.

Il est permis de penser que ce point de départ de l'instruction laïque est le point de départ de la plupart des erreurs qui l'accompagnent. Comment se fait-il que ces erreurs aient été acceptées par tant de gens ?

A la suite de la révolution de 1789, qui avait eu pour conséquence la suppression complète de l'instruction religieuse et une réduction très considérable de l'instruction en général, qui avait renversé de fond en comble la société, celle-ci s'est reformée sous la main de Napoléon avec des mélanges extraordinaires, pressée par les événements. De nouveaux chefs de la société ont surgi du jour au lendemain avec le développement de l'industrie, autorisés à se croire des créateurs.

Ces industriels, dont tous les ouvriers sont toujours sous l'œil d'un surveillant, qui ont toujours à leur portée le gendarme ou l'agent de police et même le troupier, peuvent parer dans une certaine limite aux inconvénients de l'instruction laïque. Mais il n'en est pas de même pour le cultivateur : seul pour diriger et surveiller un personnel disséminé sur tout le territoire qu'il exploite, il ne peut être bien servi que s'il est secondé par le *gendarme la conscience*, produit de l'instruction congréganiste.

Je ne prétends pas que l'instruction congréganiste donne forcément la perfection. Mais c'est certainement grâce à elle qu'on trouve le plus de gens imbus de l'idée du devoir. L'intérêt fait aussi rendre de bons services ; ceux-ci seront encore mieux assurés si l'intérêt est doublé du sentiment du devoir.

L'homme aveuglé par des prétentions à des droits qu'il n'a pas, voit souvent faux et fonde de nouvelles prétentions non moins erronées sur un travail jugé mal. Une de ses principales erreurs, c'est de confondre *illettré* avec *ignorant* et *instruction* avec *intelligence*. C'est grâce à cette erreur que les citadins se croient supérieurs aux campagnards. Des lettrés peu instruits et médiocrement intelligents ramassent dans des livres des idées qu'ils colportent sans en comprendre la portée. Ils étonnent les campagnards plus intelligents, plus modestes, et ils les troublent momentanément.

L'illettré, c'est celui qui ne sait pas ses *lettres*, qui ne sait ni lire ni écrire ; mais cela ne constitue pas un ignorant. A chaque pas on rencontre dans la campagne des illettrés qui sont des maîtres dans l'art de la culture, de juger la terre, les plantes et le bétail, qui comptent admirablement et pour lesquels le code n'a pas de secrets en ce qui les concerne. Il faut toujours se méfier d'un paysan qui dit : « Je ne suis qu'un sot, je ne sais rien, je n'ai jamais été à l'école. » C'est un malin qui attrape les gens sans qu'ils s'en doutent. Au contraire, si un campagnard vous dit : « Ah ! ce n'est plus comme du temps où les paysans ne savaient rien, j'ai été à l'école, etc... », vous verrez toujours la ficelle qu'il vous tendra et si vous vous y accrochez, ce sera de bonne volonté.

L'instruction est une affaire de mémoire. *L'intelligence* est la faculté par laquelle on voit l'instruction dont on a besoin et l'usage qu'il faut en faire. Ce qui a retardé la diffusion des idées socialistes dans les campagnes, c'est la supériorité de l'instruction et de l'intelligence des campagnards sur les citoyens de la ville. L'homme de la ville trouve sous sa main les choses dont il a besoin, sans s'inquiéter comment elles y sont venues. L'instituteur lui a dit : « écoutez votre leçon. » Il n'a en tout qu'à se laisser guider. Suivant son degré d'intelligence, il reçoit plus ou moins facilement ce qu'on lui donne, sans avoir un effort à faire pour le trouver.

Le campagnard, au contraire, produit la plus grande

partie des choses qui lui sont nécessaires. Il n'a pas de professeur pour lui enseigner sa leçon ; on lui a mis un outil dans les mains et on lui a dit : « travaille ». Il a entendu dire : « ceci est bien, ceci est mal. » Rarement pour ne pas dire jamais, on lui a dit le pourquoi des choses : il lui a fallu observer et trouver. Rédiger ce qu'il sait pour le faire ressortir, ce n'est pas de sa compétence. Il a trop appris d'abord, en deuxième lieu il ne se doute pas qu'il sait autant, enfin il n'en a pas le temps. En résumé, on instruit le citadin, tandis que le campagnard s'instruit.

Cette différence explique pourquoi l'homme de la ville paraît plus instruit et accepte cependant tant d'idées contraires à ses intérêts. Il ne sait pas observer et réfléchir sur la valeur des choses qu'on lui apprend ; tandis que le campagnard ne porte son attention que sur des choses utiles, et les approfondit avant de les accepter franchement. Telle est la raison pour laquelle il hésite devant les théories socialistes que les ouvriers des villes ont acceptées et propagent sans en avoir vu les conséquences, comme j'espère l'avoir démontré dans les deux premières parties de cette petite étude.

L'ouvrier peut-il acquérir l'*instruction nécessaire* pour être appelé à la direction des affaires ?

En règle générale, non.

Quelques sujets privilégiés sous le rapport de l'intelligence peuvent, en s'élevant au-dessus de la masse, devenir dignes de diriger les autres, mais la majorité ne le peut pas.

Pour être appelé à la direction des affaires, il faut : 1° connaître les difficultés de la vie des ouvriers. Pour cela, il suffit d'en être témoin, d'être intéressé à la satisfaction de leurs désirs honnêtes et justes ; 2° avoir le temps d'étudier tout ce que la science met chaque jour à la disposition des travailleurs, de suivre ce que font les entreprises et les nations voisines, dont il faut craindre la concurrence, de chercher des débouchés aux produits. Il y a là un travail extrêmement considérable, auquel peuvent seuls satisfaire les privilégiés de l'intelligence, qui ne sont plus absorbés par l'obligation de gagner leur journée, et que ne peuvent jamais faire ceux dont les connaissances ne peuvent pas aller au-delà du détail qui leur est confié. Combien d'ouvriers ont de la peine à faire une chose et ne sont pas capables de remplacer un voisin pour une autre ? Ils sont plus nombreux que ceux qui, passant successivement dans toutes les positions, peuvent arriver à saisir l'ensemble d'une entreprise.

La direction des affaires ne doit être confiée qu'aux privilégiés de l'instruction et de la fortune *réunies*. De l'instruction, parce qu'il est nécessaire de savoir *tout* ce qui concerne tous les ouvriers afin de les défendre et tout ce qui intéresse la branche d'industrie qu'on exploite ; de la fortune, parce qu'il faut que celui qui fait faire des essais puisse les supporter dans le cas d'insuccès sans que l'ouvrier s'en ressente.

Plus une affaire est importante, plus il faut que ceux qui sont à la tête soient instruits et riches. L'affaire la plus importante, c'est la direction d'un pays. Pour qu'un pays soit bien gouverné, il faut qu'il ait à sa tête l'élite des privilégiés. C'est-à-dire l'élite des industriels, des commerçants, des financiers, des propriétaires, des militaires et du clergé. C'est-à-dire des gens qui aient derrière eux des entreprises assez importantes pour exiger un personnel directeur autre qu'eux-mêmes, ce qui leur permet de s'occuper des affaires publiques sans nuire à leurs intérêts et sans se vendre. Il faut que les délégués du peuple éclairent le pouvoir pour le bien et lui résistent pour le mal. Il est à remarquer que les troubles ont augmenté en France au fur et à mesure que le peuple a choisi ses mandataires en s'éloignant de plus en plus des privilégiés. Les troubles prouvent que les intérêts du peuple sont mal servis, et que les mandataires sont incapables ; donc que le peuple n'a pas eu l'intelligence et l'instruction nécessaires pour juger de leur valeur.

L'ouvrier est porté à juger défavorablement celui dont il n'a pas pu constater le travail. En cela, il a grand tort ; c'est souvent l'homme auquel il songe le moins, qui lui rend les plus grands services. Ainsi, pour les campagnes, qui semblait le plus étranger à la culture que le chimiste ? personne ; qui lui a été le plus utile ? personne ; même quand il ne réussissait pas dans la pratique. Ainsi, pendant que Georges Ville faisait en Beauce une culture ruineuse, par suite du manque de surveillance, il établissait dans son laboratoire l'utilité des engrais chimiques. Quel est le fermier ayant fait fortune avec la culture, qui a découvert les engrais qui l'ont enrichi ? Il est à trouver.

Pasteur n'a jamais été berger, c'est grâce à lui cependant que le sang de rate ne décime plus les troupeaux de moutons. Sont-ce des fermiers qui sont allés chercher les découvertes de Pasteur et les engrais chimiques ?

Non, ce sont des gens au-dessus d'eux, libres de leur temps, instruits, intelligents, intéressés aux succès des fermiers et dévoués à leurs intérêts, en un mot, l'élite des privilégiés propriétaires. Il en est de même pour tout ce qui est soumis à la loi divine du travail. Aujourd'hui, éclairés par les troubles qui mettent la France en décadence, malgré une apparence croissante de richesses, les privilégiés qui comprennent leurs devoirs sociaux se multiplient et attendent que les populations, éclairées, elles aussi, quoique plus lentement, reviennent à eux pour assurer le bonheur de l'ouvrier et de la France.

D'où peut venir l'aveuglement des populations ? On est autorisé à penser que c'est la suppression de l'instruction religieuse qui en est cause ; car les mandataires du peuple ont été choisis en s'éloignant de plus en plus des privilégiés au fur et à mesure que les attaques se sont renouvelées contre la religion.

Il y a trente-quatre ans, il y avait des *républicains ;* petit à petit nous avons vu apparaître depuis les décrets de J. Ferry, les *républicains-conservateurs, modérés, opportunistes, libéraux, indépendants, progressistes, nationalistes, radicaux, socialistes, collectivistes, anarchistes, radicaux-socialistes, radicaux-collectivistes, socialistes-collectivistes, ministériels* et *antiministériels,* etc. C'est une preuve incontestable que nous sommes arrivés à l'imbécilité prédite par Thiers, et que nous avons à craindre de voir la République finir dans le sang comme celle de 1793, qui, plus expéditive que la nôtre, avait supprimé brusquement la religion et établi la guillotine en permanence. Les grèves, les bagarres qui se multiplient et les apaches sont des signes précurseurs du retour d'un peuple sans instruction religieuse à une crise sanglante.

Ici, l'instruction laïque doit être très embarrassée ; car, à moins de ne pas vouloir instruire, elle est bien obligée d'enseigner que l'ère sanglante de 1793 n'a pas été une ère de prospérité, et qu'elle nous a conduits à Napoléon, qui peut être classé parmi les despotes les plus absolus. Elle doit enseigner aussi que la prospérité n'est revenue en France qu'au fur et à mesure que l'instruction religieuse s'est développée à côté de l'instruction laïque.

La quantité prodigieuse de nuances républicaines que

je viens d'énoncer et que nous voyons dans les journaux à chaque élection, est une preuve que les mandataires du peuple sont aujourd'hui, ou des imbéciles qui ne savent pas ce qu'ils ont à faire, ou des canailles qui veulent le désordre pour pêcher en eau trouble. Car, qui menace la République ? Ce sont les républicains eux-mêmes, en se disputant sur des nuances, au lieu de s'occuper des vrais intérêts de leurs électeurs.

Les socialistes qui prêchent l'union n'ont pas à se féliciter de leurs doctrines en voyant le résultat obtenu. Je ne sais vraiment pas sur quoi ils fondent de meilleures espérances, car les *semeurs* qui ont parcouru nos campagnes se séparent de MM. Jaurès, Millerand et autres !! « *Ces citoyens ne comprennent plus le socialisme, disent-ils, ils veulent être des chefs, le socialisme ne veut pas de chefs.* » « Dites-moi, citoyens semeurs, que prétendez-vous donc en vous promenant dans les campagnes ? Ne voulez-vous pas qu'on vous suive ? Si on vous suit, vous serez des chefs, il ne faudra plus de vous, comme il ne faut plus de M. Jaurès. » — « Non, nous obéissons à la majorité », répondent-ils.

Soit, dès que vous obéissez vous n'êtes pas libres, vous n'êtes pas maîtres, vous avez un chef, il s'appelle la *majorité !* Eh bien, ce chef-là ne peut pas vous mener à bien. Je vous en ai déjà donné la raison ; l'opinion de la majorité est la résultante (je pense que l'instruction laïque vous a appris ce que c'est qu'une résultante) des intelligences supérieures fondues avec les plus faibles dans une médiocrité. Jamais vous ne serez suivi par les campagnards. En outre de leur intelligence, ils ont leur bon sens, ils ne tomberont pas dans le ridicule. Ils n'ont pas besoin de faire l'expérience pour savoir ce que deviendrait une ferme, dont le fermier réunirait chaque matin sa femme, sa fille, son fils, son gendre, son vacher, sa bergère, son bricolin et leur dirait : « Nous allons voter pour savoir si la majorité est d'avis de mener le veau de la blonde au marché, de piocher les pommes de terre, de plumer les oies, etc.

C'est contre les campagnards que le socialisme viendra s'effondrer, parce que tous les fermiers sont patrons, peuvent se passer des ouvriers, comme je l'ai exposé, ont trop de jugement pour ne pas voir où le socialisme conduit. Ils reviendront à l'instruction religieuse pour remettre sous la surveillance du gendarme *la conscience*, leurs enfants d'abord, les ouvriers qui leur reviendront ensuite.

Les campagnes s'uniront alors aux intelligences d'élite des villes, et la majorité des électeurs se retrouvera tournée vers les privilégiés d'élite dignes de diriger les affaires de la France.

RÉSUMÉ

Il est de l'intérêt des populations que les instructions laïque et congréganiste soient toujours côté à côte pour se stimuler.

L'instruction congréganiste est supérieure à l'instructruction laïque : 1° parce qu'elle enseigne à l'homme qu'il ne peut pas échapper à sa conscience ; 2° qu'il est toujours libre de ne pas l'écouter, tandis que l'instruction laïque a toujours besoin du gendarme ; 3° parce qu'elle est logique en mettant les devoirs de l'homme avant ses droits. Le droit ne peut exister que là où il y a devoir, tandis que le devoir rempli fait acquérir des droits.

Il ne faut pas confondre illettré avec ignorant et instruction avec intelligence. L'illettré de la campagne est souvent plus instruit et plus intelligent que le lettré de la ville.

Les mandats publics doivent être confiés aux privilégiés de l'instruction, de l'intelligence et de la fortune; ce n'est pas qu'ils soient tous capables de les bien remplir, mais ce n'est que chez eux qu'on a la chance de trouver de bons représentants.

CHAPITRE IV.

—

LA RELIGION

Je ne prétends pas donner ici l'enseignement religieux. Ce n'est pas de ma compétence, mais les socialistes ayant dit dans une réunion publique que *toutes les religions sont mauvaises et que la religion catholique est la plus mauvaise de toutes*, je crois utile de montrer que *la religion est nécessaire à toute organisation sociale et que la religion catholique en particulier est faite pour assurer la bonne harmonie dans la société.*

La première question est donc celle-ci : la question religieuse est-elle une question sociale ?

On doit l'admettre même après un examen sommaire, car :

I. Il n'y a pas d'exemples de peuples sans religion, et plus les peuples sont éloignés du christianisme, plus ils sont soumis aux oracles de leurs dieux. L'histoire du paganisme, en nous faisant connaître le nombre des dieux, nous montre le besoin qu'éprouve naturellement l'homme de mettre ce qu'il fait sous la protection d'un être invisible qu'il reconnaît supérieur à lui.

La croyance en un être invisible, créateur de ce qui existe, loin d'être *une absurdité révoltante*, comme le disent les socialistes, est seule susceptible d'expliquer le monde d'une manière satisfaisante. Que des esprits chercheurs aient essayé d'expliquer le monde sans Dieu, rien de plus naturel, mais il faut reconnaître que leurs efforts ont été vains. Les plus grands philosophes anciens, surtout Aristote et Platon, se sont approchés de l'enseignement chrétien. La Franç-Maçonnerie elle-même et Robespierre ont supprimé le mot Dieu, mais n'ont pas pu se passer de l'Être : ils l'ont appelé le Grand Architecte de l'univers et l'Être suprême.

II. Le livre le plus ancien qui nous permet d'avoir connaissance du passé, la Bible, nous montre la première loi religieuse donnée au peuple juif longtemps après la création, ce qui prouve que la religion est indispensable pour la société, tandis que l'homme isolé avait pu se contenter de rendre au Créateur le culte que sa droiture instinctive lui inspirait.

Donc, la religion est un besoin naturel pour la société et pour l'homme.

Parmi toutes les religions, celle qui a le plus contribué à élever l'homme, c'est la religion chrétienne catholique. La doctrine des socialistes est battue en brèche par les monuments de toutes sortes, qui attestent les bons effets de la religion chrétienne sur le développement intellectuel et matériel des peuples. Ces monuments sont de deux sortes :

1° Les visibles, 2° les invisibles.

1° *Les monuments visibles.* — Toutes les localités dont le nom commence par le mot *Saint* indiquent, malgré les socialistes, que les populations ont voulu perpétuer le souvenir de leur reconnaissance envers le religieux dont le nom est ainsi transmis à la postérité. On en trouve la preuve écrite partout où il y a des archives dans lesquelles l'histoire est conservée.

Les cathédrales, les vastes monastères, les travaux agricoles, les bibliothèques des moines qui ont transmis aux barbares les documents historiques et scientifiques, le développement de la peinture, de la sculpture, de la musique ; tous les chefs-d'œuvre sont dus à l'inspiration religieuse chrétienne. Tout prouve à quel point la religion est l'amie du progrès.

Certainement, les hommes ont fait de grandes choses avant l'ère chrétienne, mais les œuvres chrétiennes les ont dépassées. D'autre part, les plus grands travaux des peuples anciens : Babyloniens, Egyptiens, Grecs, Romains ont été inspirés par la pensée religieuse. Ils étaient faits en l'honneur des Dieux, ou dédiés aux mânes respectés des ancêtres, reconnaissance de l'immortalité de l'âme et sentiment religieux.

En ce qui concerne les travaux agricoles, l'histoire du défrichement des forêts, du dessèchement des marais, et de nos jours les frères de Beauvais, de Ploërmel, les maristes de la Haute-Saône, etc.., tout prouve que la religion a été surtout favorable au progrès des campagnes.

2° *Monuments invisibles*. — Il y a tout d'abord les traditions. C'est le peuple des campagnes qui a le plus conservé les traditions, c'est-à-dire ce qui se transmet de bouche en bouche. Non seulement il a, comme les ouvriers des corps de métiers, des fêtes patronales, car quoique socialistes, les maréchaux fêtent saint Eloi, les charpentiers saint Joseph, etc., mais il fait encore ce qu'on appelle *des voyages* à tel saint pour une chose, à tel autre pour une autre. Si ces coutumes ont pris naissance et si elles se sont transmises de génération en génération, c'est probablement parce que saint Genou ou saint Coqueluchon, par exemple, ont fait du bien de leur vivant et qu'après leur mort les populations en ont obtenu en s'adressant à eux. La conservation des traditions est une preuve d'intelligence et de progrès, car on ne peut progresser que si on connaît le passé, afin d'y ajouter quelque chose et de ne pas revenir sur des choses jugées. Ainsi, si les socialistes étaient plus instruits qu'ils le sont généralement, ils sauraient que leurs doctrines ne sont pas nouvelles, qu'elles ont été réfutées, abandonnées, puis reprises sous des formes différentes et abandonnées sous chacune. Ils auront le même sort que leurs devanciers.

Si les socialistes avaient étudié la religion chrétienne et ses luttes contre le mal, ils sauraient pourquoi elle est restée inébranlable ; ils connaîtraient les principes fondamentaux de la doctrine, qui constituent les principaux monuments invisibles dont le simple examen permet de comprendre l'importance.

Je le répète, je ne prétends pas donner l'enseignement religieux ; je veux simplement montrer que la religion catholique mérite d'être apprise, car ses prescriptions sont d'accord avec le bon sens et les besoins de l'honnêteté. Ceux qui voudront connaître tout ce que renferment les commandements, devront s'adresser aux théologiens.

Le socialiste dit *que la religion entrave la liberté de penser*. Il me semble, au contraire, qu'elle étend cette liberté, puisqu'elle aide l'homme à penser à ce monde qui aura une fin et à l'éternité. Non seulement la religion catholique porte la pensée de l'homme vers un avenir éternel, mais c'est elle qui l'éclaire le mieux sur le passé.

Parmi les gens qui sont sortis des basses conditions de la société pour s'élever au-dessus de leurs semblables, les religieux sont certainement les plus nombreux, à commencer par saint Pierre et les apôtres. Aussi, est-on justement étonné de voir des hommes du peuple combattre ce qui les aide le mieux à grandir. Il y a là au contraire une preuve que la religion éclaire les intelligences plus que toute autre science.

Le socialiste oppose à la religion l'*inquisition*, les *dragonnades*, la *St-Barthélemy*, etc. Ces actes ne justifient pas son opinion. Ils étaient des actes politiques, faits par des catholiques, c'est vrai, mais condamnés par la religion. De ce que des religieux se sont prêtés à des actes coupables, faut-il conclure que la religion doit être condamnée ? Non, pas plus qu'il ne faut condamner une industrie, parce qu'un ouvrier de cette industrie a volé ou assassiné.

Il faut examiner la doctrine et voir : 1° si dans le passé elle a contribué à l'amélioration du sort des peuples ; 2° en quoi ce qu'elle contient peut contribuer au bonheur du peuple ; 3° si on doit espérer qu'elle peut jouer le même rôle dans l'avenir.

I. La religion a contribué plus que tout au bonheur des peuples. La preuve en est dans le rôle joué par les peuples chrétiens dans la civilisation. Parmi ces peuples chrétiens, la France n'a pas tenu la dernière place. C'est tellement vrai que Napoléon Ier, dont les socialistes ne contesteront pas le génie, s'est adressé à la religion catholique pour assurer en France l'ordre et la prospérité. Dans sa course à travers le monde, il n'avait pas trouvé mieux, même en Egypte, où il se serait fait volontiers musulman.

Depuis le rétablissement de la religion catholique en France, on a vu prospérer l'industrie, la science, le bien-être. Les peuples voisins comptaient avec nous, cela indépendamment en apparence, mais en même temps que l'éducation religieuse se répandait. Depuis la Commune de 1871 et surtout depuis les décrets de 1880, les peuples voisins nous imposent toutes leurs volontés, et les troubles se multiplient en France d'une manière inquiétante pour le travail et par conséquent pour l'ouvrier. Cela se passe en même temps que l'éducation religieuse est attaquée et que les doctrines socialistes se développent.

Les socialistes prêchent la lutte du travail contre le capital, la suppression de l'armée qui, seule, peut protéger leur travail, et les bienfaits de l'instruction laïque qui ne parle que des droits du citoyen, sans penser que des droits ne peuvent être satisfaits que s'il y a des devoirs, et que les devoirs remplis donnent seuls des droits, qu'on met ainsi la charrue devant les bœufs.

Donc, dans le passé et jusqu'à nous, le respect de la religion a été plus favorable aux hommes que le régime anti-religieux.

II. Voyons si les principes fondamentaux de la religion expliquent son action bienfaisante.

Le point capital, c'est le Décalogue. Les dix commandements de Dieu répondent à tous les besoins de l'homme :

1° Reconnaissance d'une intelligence et d'une puissance supérieure et unique.

Nous avons vu qu'une entreprise dont la direction est discutée est vouée à la médiocrité, et que plus l'entreprise est importante plus il faut qu'il y ait à la tête un directeur intelligent et supérieur. Le monde, qui est ce que nous pouvons concevoir de plus grand, a besoin d'avoir à sa tête, plus que quoi que ce soit, une intelligence supérieure non discutée, c'est-à-dire unique.

2° Le respect de cet être puissant ; ne pas faire intervenir en vain son nom.

Le respect de celui qui assure notre bonheur est naturel, de plus il le dispose en notre faveur. Si tout le monde l'appelle à tout moment comme témoin, on manque à ce respect et on indispose contre soi celui qu'on dérange en vain. Ce qui est vrai dans une entreprise humaine peut l'être également quand il s'agit du Directeur du monde, sans que notre bon sens en soit choqué.

3° Sanctification et repos du dimanche. Les réclamations actuelles des ouvriers pour la réduction des heures de travail prouvent l'utilité de ce commandement au point de vue physique. Dans des usines, on peut, en réduisant les heures de travail, donner le repos nécessaire tout en faisant travailler tous les jours ; mais, dans les campagnes, il n'en est pas de même. Parce que là il faut donner souvent des heures supplémentaires de travail. C'est le temps qui n'a pas été propice ou qui menace, là ce sont des bestiaux qu'il faut veiller, etc. En donnant un jour par semaine, on a six chances sur sept de pouvoir en profiter.

Cette obligation de sanctifier un jour de la semaine en s'occupant intellectuellement, correspond au désir que l'ouvrier peut et doit avoir de s'instruire et d'ajouter aux connaissances que son travail manuel lui fait acquérir. Non seulement la religion ne condamne pas l'homme à l'ignorance, mais elle a été la première à lui ordonner d'utiliser ses aptitudes intellectuelles.

4° Le respect des parents.

En obligeant les enfants à respecter leurs parents et en étendant ce devoir aux subordonnés vis-à-vis des maîtres, la religion les oblige à tenir compte de leurs enseignements par conséquent à avancer davantage. Elle favorise donc le progrès, puisqu'elle empêche de perdre du temps pour acquérir de nouveau ce qui a déjà été gagné.

5° Ne pas attenter à la vie humaine.

La défense de priver quelqu'un de la vie ne doit pas être blâmée par les socialistes qui ne veulent pas de guerre et rêvent la paix universelle. Ce commandement est en parfaite harmonie avec l'instinct de la conservation qu'ont tous les hommes.

6° Les santés ruinées par la débauche prouvent à quel

point le sixième commandement est nécessaire, car le plus grand bien de l'homme, surtout de l'ouvrier, c'est la santé.

7° Il est peut-être dur pour le socialiste de ne pas prendre le bien d'autrui, mais la majorité des gens s'estime heureuse de ne pas être volée.

8° Quoi de plus vexant et de plus désagréable que d'être trompé ? Rien assurément. La religion est donc très en harmonie avec les besoins de l'homme puisqu'elle défend le mensonge.

9° Le sort des malheureux enfants abandonnés, des femmes à qui incombe de supporter seules les conséquences pénibles d'un acte commis à deux, dit assez que le commandement relatif au mariage, fait en faveur de deux êtres sur trois, sans nuire au troisième, et en faveur des deux plus faibles, est avantageux pour la société. Les socialistes qui s'élèvent contre la loi du plus fort, doivent être très partisans du neuvième commandement de Dieu.

10° Enfin la défense de convoiter le bien d'autrui pour l'avoir injustement, ne doit pas déplaire non plus aux défenseurs des faibles contre les forts ; car ce sont surtout les forts qui peuvent dépouiller les faibles et par conséquent désirer le faire. A côté de cela ce commandement indique bien qu'on peut désirer acquérir justement. Par conséquent que le riche doit mettre une partie de ce qu'il a à la portée de ceux qui veulent l'acquérir. Cette prescription ne peut que contribuer à entretenir de bons rapports entre les hommes. La religion reconnaît donc parfaitement les droits de l'homme et du citoyen, puisque chaque commandement assure la satisfaction d'un besoin de l'homme. Elle est supérieure à la doctrine qui ne parle que de ces droits, parce qu'elle a soin d'indiquer les devoirs dont l'observation assure le respect des droits.

Certains socialistes prétendent que la Religion a été

gâtée par l'Eglise romaine. Jetons un coup d'œil sur les commandements de l'Église.

1° Au repos du dimanche elle ajoute celui des fêtes. En cela elle va au-devant du désir exprimé par les ouvriers de réduire les heures de travail. Non seulement l'Eglise n'est pas opposée au progrès, mais sur ce point elle a devancé l'ouvrier en prévoyant son désir.

2° Elle impose l'assistance à la messe les jours de repos. On ne peut pas l'en blâmer, vu que c'est à la messe paroissiale que se donne l'instruction religieuse, et nous venons de voir que l'étude de la loi religieuse est avantageuse pour que les citoyens se comportent bien les uns vis-à-vis des autres. Cette instruction éclaire l'homme sur ses droits et ses devoirs ; d'autre part, il est naturel que l'homme rendre hommage à Celui à qui il doit la vie, et qu'il vienne lui demander de temps en temps ce dont il a besoin. De même qu'un fermier demande à son propriétaire des réparations et même des constructions, et qu'il a plus de chances de les obtenir quand il les demande poliment et qu'il dit bonjour à ce propriétaire dans d'autres occasions.

3° Le socialiste ne voit dans la confession qu'une obligation avilissante. L'Eglise y voit au contraire un moyen d'élévation pour l'homme. En effet, s'il y a des choses qu'on ne veut pas dire, qu'on cache aux autres, c'est qu'on a peur des autres. En se cachant, on commet une lâcheté. L'acte opposé, la révélation de ces choses, est l'opposé de la lâcheté, c'est-à-dire un acte de bravoure. La confession bien comprise grandit l'homme à ses propres yeux. De plus, elle a l'avantage de l'aider à se bien connaître. Tous les philosophes sont d'accord pour dire que la connaissance la plus difficile à acquérir, c'est celle de soi-même.

4° Le commandement qui impose la communion pascale est la conséquence de la culture intellectuelle que l'Eglise donne à l'homme. C'est l'acte qui met le plus l'homme au-dessus de la bête ; c'est la nourriture de l'âme. Ceci peut être au-dessus de l'intelligence de l'homme. Mais de ce qu'on ne comprend pas une chose, il ne faut pas la rejeter, si il y a de fortes raisons en sa faveur. Ainsi, nous ne comprenons pas pourquoi un arbre perd ses feuilles en automne et en a de nouvelles au printemps, mais c'est un fait que nous admettons. La nature est composée de choses que nous voyons et que nous ne pouvons pas comprendre. Il est raisonnable de croire que ces choses sont soumises au pouvoir d'un être que nous ne voyons pas et dont la puissance est tellement immense que nous ne pouvons pas la comcevoir. Si on joint à cela que l'homme a une âme immortelle, comme nous le dirons plus loin, il n'est pas contraire à la raison de mettre cette âme en rapport avec Dieu, même par un moyen dont nous ne nous rendons pas compte, puisque nous acceptons tant d'autres choses que nous ne comprenons pas. La croyance à une âme dans l'homme est répandue dans tout l'univers. Un médecin à qui on demandait une définition de l'âme, répondait ceci : « L'organisme matériel de l'homme se « renouvelle en huit ans, or, l'homme se souvient de « choses qui remontent à plus de huit ans, donc il y a « chez l'homme autre chose que la matière. Ce quelque « chose, *c'est l'âme.* »

5° et 6° Enfin, en imposant à l'homme les privations de table, l'Eglise est d'accord avec la science médicale. Celle-ci reconnaît, en effet, que la plus grande partie des maladies proviennent d'un excès d'alimentation, que plus l'estomac est chargé moins l'intelligence est vive.

Pour confirmer cela, on peut remarquer que dans les villes on absorbe beaucoup plus sans besoin que dans les campagnes, et que les campagnards se portent beaucoup mieux que les citadins.

En outre de ces commandements favorables à l'homme, c'est l'Eglise qui a proclamé la liberté, l'égalité, la fraternité.

Elle laisse à chacun la liberté de s'instruire et ensuite de faire usage de son instruction. L'homme n'a qu'un juge, lui-même. L'Eglise lui dit si vous faites ce que je prescris, vous serez heureux éternellement, si vous ne le faites pas vous serez malheureux, mais vous êtes libre de choisir. Elle ne cherche pas, comme le socialisme, à établir l'égalité entre les hommes sous tous les rapports.

Elle établit que tous les hommes sont égaux, non pas entre eux, mais devant Dieu, qu'entre eux les hommes ont les mêmes droits au respect les uns des autres. L'égalité sur terre ne peut pas aller au-delà.

Le mot homme signifie l'homme et la femme. C'est la religion qui a tiré la femme de l'esclavage. Il suffit de comparer le sort de la femme chrétienne avec celui de la chinoise ou de la musulmane, par exemple, pour comprendre tout ce que la femme doit à la religion.

C'est la religion chrétienne qui a supprimé l'esclavage et fait admettre que le serviteur avait le droit de discuter son contrat d'engagement. Aussi, la religion, prêchée par des hommes du peuple qu'elle mettait au premier rang de la société, a-t-elle été acceptée d'abord par le peuple. On agit à l'envers du bon sens en faisant croire au peuple que la religion et les riches s'entendent pour l'écraser. Elle est au contraire l'amie du pauvre, car elle fait au riche un devoir de la charité. Les troubles dont nous souffrons viennent en grande partie de ce que la science a apporté des sources de richesse à des gens imbus de l'esprit voltairien.

Manquant de principes religieux, ils n'ont pas su faire la part au pauvre, ils ont excité son envie et lui ont fait perdre le sentiment religieux, qui peut seul maintenir les désirs désordonnés de l'homme. Il suffit de jeter les yeux sur les commandements de Dieu pour s'en convaincre. Les commandements relatifs au bien d'autrui imposent de ne pas désirer le travail du pauvre, qui est son bien, sans lui donner une rémunération proportionnée au bénéfice qu'il procure. Il impose en revanche au pauvre de ne pas jalouser les bénéfices du riche sous prétexte qu'ils sont plus grands que les siens. Car, comme nous l'avons vu en parlant du capital et du travail, le riche a des responsabilités qui ne peuvent pas peser sur le pauvre.

C'est cet équilibre entre le pauvre et le riche que les lois humaines doivent s'efforcer d'établir, car il est indispensable à la bonne harmonie entre le capital et le travail. Mais elles ne peuvent y arriver que si le législateur est bien pénétré de tout ce que renferme ces deux commandements de Dieu.

La *Fraternité* est aussi un mot dû à la religion chrétienne. Mais elle la comprend tout autrement que les socialistes ou les francs-maçons. Pour ceux-ci, il n'y a de frères que ceux qui pensent comme eux. Nous en avons la preuve, aujourd'hui, dans la manière dont on traite les congrégations religieuses. Tandis que, pour le chrétien, tous les hommes sont frères ; nous en avions la preuve dans la manière dont ces mêmes congrégations prodiguaient leurs soins aux malades et l'instruction aux ignorants, en se faisant beaucoup moins payer que les laïcs. Ainsi, un frère instituteur coûtait 500 francs, alors

que le traitement d'un instituteur laïc est au moins de
1,100 francs.

Non seulement l'Eglise dit de ne pas injurier et mal-
traiter les socialistes, mais elle ordonne de prier pour
eux. Elle fait au riche un devoir de donner et au pauvre
un devoir d'être reconnaissant. C'est absolument ce qui
doit être pour éviter les haines, les jalousies et tout ce
qui empêche les hommes de fraterniser.

III. L'examen d'une pareille doctrine explique sa supériorité sur toutes les autres. Elle répond à tous les désirs
de l'homme en cette vie, et pour la vie future qu'elle
montre, elle attire vers des sphères supérieures les intelligences qui cherchent à s'élever. La fixité de la doctrine
à travers tous les âges, l'harmonie entre elle et les
besoins de l'humanité obligent à croire que la religion
chrétienne assurera le bonheur des peuples dans l'avenir,
comme elle l'a fait dans le passé.

Les reproches qu'on peut adresser aux chrétiens ne
peuvent frapper que des individus. Ils ne peuvent pas
tomber sur la doctrine. Les chrétiens sont hommes et
par cela même susceptibles de faiblir. Quand ils sont
coupables, c'est quoique chrétiens et non pas parce que
chrétiens. Tandis que les socialistes et les francs-maçons
attaquent les chrétiens, prêchent la révolte, la haine, font
naître des troubles parce qu'ils sont socialistes et francs-
maçons. Leur doctrine les y pousse, lorsqu'ils disent, par
exemple, que le droit à la propriété c'est l'abus du droit
du plus fort. C'est parce qu'ils sont francs-maçons que
nos gouvernants renient la liberté en au brisant toutes
les associations excepté les associations religieuses, foulent
aux pieds l'égalité et la fraternité en soutenant les ouvriers
qui n'exécutent pas leurs contrats, comme les ouvriers de

Marseille et les inscrits maritimes, alors que l'autre parti contractant, les compagnies, exécutent le leur.

Les doctrines socialistes et maçonniques qui sont l'opposé de la doctrine chrétienne, ne peuvent être que mauvaises, puisque celle-ci est bonne. Le socialiste, qui prétend que *toutes les religions sont mauvaises*, veut l'ignorance de l'homme, ou tout au moins il limite ses connaissances à la terre et entrave dès lors la liberté de penser.

Est-il utile que l'homme étende sa vie au-delà de la terre ?

Oui, car c'est la pensée de l'au-delà qui fait supporter les tristesses de notre courte vie. Les théories des socialistes mènent fatalement à l'extinction de l'humanité. En effet, s'il n'y a pas une vie meilleure à espérer, pourquoi rester sur terre, quand on y est mécontent ? Si on peut gagner cette vie meilleure sans tenir compte de la religion, pourquoi ne pas y aller le plus vite possible en se suicidant dès qu'on a l'âge de raison ?

Si les mécontents, si ceux qui sont pressés de passer dans l'autre monde y vont dès qu'ils raisonnent, il ne restera bientôt plus personne pour perpétuer la race humaine. Si, au contraire, la vie future doit être la compensation des souffrances supportées sur la terre et la récompense des bonnes actions, si elle doit être d'autant plus heureuse que l'on aura plus mérité, alors l'attachement du pauvre à la vie est expliqué. L'instinct de l'homme qui lui fait redouter la mort, prouve la nécessité d'une religion pour le rassurer sur l'autre monde ; cette religion doit être son guide pour y arriver, et les lois humaines qui régissent la société doivent être basées sur la religion, pour que l'homme puisse vivre d'accord avec son besoin de gagner l'autre monde et ses obligations dans celui-ci.

RÉSUMÉ

La nécessité et l'importance de la religion sont affirmés par des preuves visibles et invisibles incontestables.

La religion catholique, qui est la plus répandue, qui a résisté aux attaques de tous les systèmes philosophiques, a des lois qui répondent à tous les besoins moraux de l'homme et doivent, par conséquent, être la base des lois humaines.

La première instruction de l'homme doit être l'instruction religieuse ; c'est elle qui doit le guider dans tous ses travaux. La suppression de la religion conduirait à l'extinction de la race humaine, ce qui est contraire aux aspirations naturelles de l'homme.

———

CHAPITRE V

—

RÉSUMÉ & CONCLUSIONS
des chapitres précédents

Il est juste, naturel et nécessaire qu'il y ait des capitalistes.

Juste, parce qu'on ne peut pas obliger un travailleur à dépenser ce qu'il gagne au fur et à mesure qu'il le reçoit. On a toujours le droit de faire des économies.

Celui qui économise devient naturellement capitaliste. Si ses camarades ont disposé de tous leurs gains en s'amusant, il a comme eux le droit de disposer de tous ses gains ; il peut donc léguer ses économies à d'autres. Il est juste et naturel que ceux qui héritent jouissent de ces économies, comme les marchands de vins ou de plaisirs jouissent de ce qu'on leur apporte chaque jour.

Il est donc naturel et juste que le capital grossisse par une série d'économies et d'héritages.

Les dépositaires des capitaux ainsi formés sont nécessaires : 1° pour que chaque homme ne soit pas obligé de partir de zéro, ce qui rendrait l'humanité stationnaire et empêcherait tout progrès ; 2° pour que l'ouvrier, qui n'a que ses bras, puisse être payé de son travail au fur et à mesure de ses besoins, sans attendre que ce travail ait produit son effet.

La pratique démontre que cet état de choses doit être, car il a toujours existé.

Il tombe sous le sens qu'il est la conséquence des inégalités qui existent et ont toujours existé dans les capacités physiques, intellectuelles et morales des ouvriers.

Si les socialistes veulent le détruire, il leur faut faire disparaître d'abord les mauvais ouvriers.

Tant qu'il y aura des mauvais ouvriers, il faudra qu'il y en ait des bons pour leur assurer du pain. Il faudra aussi une force armée pour protéger les seconds contre les premiers. Cette force armée est aussi nécessaire pour protéger les ouvriers contre l'étranger, car la paix universelle est un rêve irréalisable. Tant qu'il y aura des climats différents, il y aura des besoins et des mœurs différents, et par conséquent des patries ; les mêmes luttes qui existent entre les individus se reproduiront entre les peuples.

Pour maintenir l'ordre, la force armée n'est pas suffisante. Elle a besoin elle-même d'être tenue. Elle ne peut l'être que par une force morale. De là la nécessité d'éclairer les esprits par l'instruction.

Mais l'homme n'a pas que des besoins matériels, son caractère dépend beaucoup de son moral. Il lui faut, par conséquent, une double instruction : 1° celle qui lui apprend à vivre ; 2° celle qui lui apprend à bien vivre, c'est-à-dire à vivre sans nuire à ses semblables et sans être leur victime. La première est l'instruction profane ou laïque, la seconde est l'instruction religieuse.

De toutes les religions, la plus répandue, celle qui a les plus anciennes racines connues par sa liaison à la religion juive, celle qui a marqué d'une manière assez importante pour partager l'histoire du monde en deux, l'ère païenne et l'ère chrétienne, c'est la religion catholique romaine. Son code répond à tous les besoins moraux et matériels de l'homme. Il lui suffit pour traverser le monde ; partout où on s'y conforme, on assure la bonne harmonie entre les hommes, quelles que soient les lois humaines des pays où on se trouve. Tandis que les lois humaines se multiplient vainement, puisque chaque jour on en demande de nouvelles et que personne ne les connaît toutes.

Cette abondance de lois humaines et cette impossibilité de les connaître prouvent que l'homme raisonnable qui travaille pour vivre ne doit pas compter sur elles, et qu'il doit prendre comme guide la loi religieuse, qu'il peut savoir en entier. Dès lors que la religion est nécessaire, il faut l'étudier et la pratiquer. Il ne faut pas s'en éloigner sous prétexte qu'il y a des choses qu'on ne comprend pas. Car il y a trop de choses profanes que nous ne comprenons pas et que nous soignons, à commencer par notre *intelligence*. Qu'est-ce que l'intelligence ? C'est une chose invisible comme l'âme, qu'on peut définir comme l'âme, mais qu'on ne peut ni voir, ni saisir, ni mesurer, ni connaître par conséquent ; malgré cela, nous en tenons grand compte.

S'il est nécessaire pour récompenser le travail qu'il y ait un capital, une armée et une religion, les doctrines socialistes qui veulent la suppression de ces trois choses mènent forcément à un abîme. Il ne suffit pas pour la condamner de signaler quelques mauvais capitalistes, quelques mauvais militaires et quelques mauvais religieux, car il suffirait aussi de signaler quelques mauvais ouvriers pour condamner le travail. De cette façon, il ne resterait rien.

Les populations des campagnes, qui ont le bonheur d'avoir le bon sens, dont les ouvriers industriels semblent dépourvus aujourd'hui, doivent considérer que le salut de la société dépend d'elles. Ce sont elles qui font vivre le monde matériellement et elles le sauveront moralement, si elles reviennent à la pratique religieuse ; car, seule la pratique religieuse peut modérer chez la jeunesse le désir des gros gains et la faire s'attacher aux parents. Or, ce sont ces deux points qui sont en souffrance dans les campagnes, et que les doctrines socialistes rendent de plus en plus dangereux.

Les enfants doivent comprendre que les économies des parents leur sont destinées ; qu'en travaillant pour leurs parents, ils travaillent et gagnent pour eux-mêmes.

Pour juger sainement des principes, il faut examiner les résultats de leur application. Le principe de l'isolement (chacun pour son compte), a été inauguré dans les centres industriels. Il a amené les syndicats, preuve du besoin d'union, des grèves, preuve de souffrance malgré des augmentations considérables de salaires. Il n'y a donc point de doutes à avoir, l'argent ne fait point le bonheur ; celui-ci dépend de l'état moral qui règle les désirs, et l'union en famille vaut mieux que l'union syndicale, elle doit être la base de l'union syndicale.

Les campagnes doivent donc rejeter tout ce qui trouble les esprits. Elles ont assez à faire dans leur lutte contre toutes les difficultés que présente le travail de la terre, difficultés qui sont indépendantes de l'homme. Le cultivateur qui en triomphe est un savant et un grand maître, même s'il est illettré. Mais il faut qu'il reconnaisse qu'il a un maître plus fort que lui, c'est Celui qui commande à la pluie et au vent.

Cette union dans la famille agricole ne doit pas s'y arrêter. Il faut qu'elle existe entre le capital et le travail, c'est-à-dire entre le propriétaire et le fermier. Le premier doit ses études et ses avances s'il y a lieu. Le second doit encourager le premier à s'intéresser à son sort, en ne lui marchandant pas l'intérêt de son apport et en ne le trompant pas. C'est souvent, hélas, le second qui éloigne de lui le premier, en le grattant trop fort.

CHAPITRE VI

—

OU MÈNENT LES IDÉES SOCIALISTES

Certains esprits se contentent de savoir ce qui doit être pour bien faire ; d'autres désirent en outre avoir la certitude que certains principes sont mauvais. Voilà pourquoi j'entreprends l'examen des principes socialistes, après avoir défendu les principes sociaux et religieux que les socialistes réprouvent.

Nous ne pouvons pas éviter d'avoir un maître. Les socialistes eux-mêmes le reconnaissent, puisqu'ils veulent être appelés à gouverner.

Le maître est donc la majorité au moment des élections et le gouvernement entre les élections.

Dès lors que nous avons un maître, il nous faut réduire le plus possible son pouvoir, si nous voulons avoir le plus de liberté possible. Mais si nous voulons que ce maître soit responsable de ses actes, il faut qu'il ait la liberté de faire ce qu'il croit bon ; il ne peut pas être responsable de ce qu'on lui impose.

Il n'y a qu'un moyen pour le peuple d'avoir un peu de liberté, c'est de confier le moins de choses possibles au gouvernement. Or, les socialistes nous mènent droit au socialisme d'Etat. L'Etat serait chargé de tout, puisqu'il n'y aurait plus ni propriétaires, ni capitalistes.

La propriété étant répartie entre tous les citoyens ainsi que le capital, le gouvernement serait obligé de prélever ses ressources sur le travail. Inévitablement, les bons ouvriers qui produiront paieront pour les mauvais qui se reposeront. Tandis qu'il est beaucoup plus juste que le gouvernement prélève les impôts sur des propriétés et des capitaux qui se défendent avec les bons ouvriers contre les mauvais.

Sous prétexte de servir les intérêts de tous, le gouvernement ne tient compte de personne. Ceux qui ont le pouvoir sont à l'abri de la surveillance de leurs électeurs ; ils songent, avant tout, à leurs propres affaires, n'ayant pas espoir de gouverner longtemps. Plus on leur donnera à faire, plus ils auront l'occasion de s'approprier le fruit du travail.

Le socialisme d'Etat, c'est l'abaissement du bon ouvrier au niveau du mauvais. Le bon ouvrier n'a plus de raisons pour faire de son mieux ; non seulement il n'a plus d'économies à faire, mais s'il fait mieux que les autres, il paiera pour ceux qui n'auront rien fait. Passe encore de payer pour des malades, mais avec eux il y a les fainéants et ceux qui sont malades par suite de vices, tous peu intéressants.

Presque toutes nos lois contemporaines sont soufflées par l'esprit socialiste.

Si les bons ouvriers regardent bien, ils peuvent voir que le résultat final des assurances obligatoires, des sociétés de secours mutuels, des caisses de retraite, même des caisses d'épargne ordinaires, c'est d'assurer le salut de l'ouvrier imprévoyant, débauché, paresseux, par le travail du bon ouvrier, et de faire des caisses dont les fonds placés en rentes sur l'Etat sont à la disposition du gouvernement, moyennant un intérêt très inférieur à celui que les bons ouvriers se procureraient s'ils étaient libres.

Pour que ces institutions soient bonnes, il faut qu'elles soient assez restreintes pour que les associés puissent se surveiller mutuellement. Il faut que le gouvernement ne puisse pas mettre la main sur des capitaux très importants en outre des impôts, sans être tenu de les restituer à la première réquisition des dépositaires.

Les conséquences de l'état de choses actuel sont les suivantes :

1° Le gouvernement multiplie les fonctionnaires, qui absorbent une grande partie des ressources en travaillant peu pour de bons traitements ;

2° Tout le monde désire être fonctionnaire ; les positions qui dépendent du gouvernement étant insuffisantes, quoique trop nombreuses, on fait opérer les grandes compagnies comme le gouvernement ;

3° Les entreprises particulières se trouvent ainsi privées d'hommes et de capitaux. L'ouvrier indépendant est particulièrement atteint, parce qu'il se trouve en face d'entreprises qui payent moins, et parce que, privé des économies qu'il est obligé de placer en rentes sur l'Etat, il ne peut plus faire avec le supplément ce qui eût été possible avec le tout.

Les entreprises libres, modestes, mais nécessaires, comme les entreprises agricoles, par exemple, sont condamnées à souffrir et quelques-unes à mourir. Seules peuvent résister les entreprises de grand luxe, qui ne regardent pas au prix de revient de leurs produits, parce que leur clientèle ne regarde pas au prix d'achat. Mais ces entreprises ne peuvent être qu'en petit nombre et, par conséquent, ne peuvent pas assurer le bonheur du peuple.

Le grand luxe a son utilité. Il emploie le surplus des forces utiles, va à la recherche des découvertes et paye les tâtonnements, qui les suivent et les amènent dans le domaine public. Mais il ne doit être qu'un auxiliaire des travaux nécessaires.

Dans le cas de la tendance au socialisme d'Etat, le grand luxe s'ajoute à lui pour tuer les entreprises moyennes et nuire à la masse des ouvriers. Telle est la plaie de notre époque : alliance du grand luxe, qui paye très cher des ouvriers qui travaillent, et du gouvernement, qui paye bien des fainéants.

Si le grand luxe a son utilité, on ne saurait en dire autant du socialisme. Nous venons de voir les conséquences de l'influence de l'esprit socialiste sur la législation. Ce mal ne peut qu'augmenter tant que les mandats législatifs seront confiés à des gens qui voient surtout un moyen de s'enrichir dans les fonctions qui leur sont données.

Les fonctionnaires du gouvernement doivent être pris parmi des gens qui ont plus à conserver qu'à gagner et qui peuvent être exposés à perdre ce qu'ils ont au soleil indépendant de l'Etat. C'est avec eux que l'ouvrier pourra lutter contre l'omnipotence du gouvernement.

Le gouvernement omnipotent mène un pays à sa ruine ; nous en avons eu la preuve sous la monarchie, lorsque l'aristocratie, devenant courtisane, au lieu de rester le défenseur du peuple contre les abus du pouvoir, fut incapable d'empêcher la révolution de 1789.

Nous en avons la preuve, plus grande encore sous la République, où le pouvoir a pour courtisans le peuple entier, où les détenteurs du pouvoir ne sont jamais responsables, puisqu'il leur suffit de donner leur démission pour mettre leur magot à l'abri et laisser à d'autres le soin de réparer leurs fautes, enfin, où le chef de l'Etat, qui n'est qu'un soliveau, n'a à répondre de rien et obéit en tout au Président du Conseil des ministres.

Non seulement le peuple n'est plus défendu, mais il donne le pouvoir à ses pires ennemis. La Fontaine a raconté qu'un renard et un bouc, pressés par la soif, descendirent dans un puits. Quand il fallut sortir, ils furent bien en peine. Le renard proposa au bouc de monter sur son dos, puis sur ses cornes, afin d'atteindre le haut du puits : « Après quoi, je t'en tirerai », dit-il. Une fois dehors, le renard fit au bouc un long discours pour l'exhorter à la patience, puis il lui déclara que des affaires pressées l'empêchaient de s'occuper de lui.

La Fontaine semble avoir voulu prophétiser l'histoire du peuple français. Celui-ci a aidé la bourgeoisie à faire la révolution, lorsque celle-ci lui a dit : « Mets-moi au pouvoir, je te rendrai heureux ». Le peuple naïf s'est fié à elle ; la bourgeoisie a fait ses affaires comme le renard, sans s'occuper du peuple qui réclame de plus en plus. Il réclame d'autant plus que la bourgeoisie, suivie hors du puits par les quelques malins du peuple, est elle-même confondue aujourd'hui avec l'aristocratie et attaquée comme telle. Ces malins réalisent la fable du corbeau et du renard. Ils flattent le peuple, lui disant qu'il est le maître, et à chaque élection, pour montrer sa belle voix, le peuple ouvre un large bec et laisse le pouvoir aux traîtres, qui vivent aux dépens de ceux qui les écoutent.

Malheureusement, le développement du bien-être matériel depuis un siècle favorise les malins. Il leur permet de faire rapidement fortune pendant qu'ils sont mandataires du peuple et de tromper le peuple en lui faisant croire que ce bien-être est la source du bonheur et un bienfait de la révolution, alors que la révolution a plutôt nui au développement de ce bienfait. Nos progrès modernes sont dus à la science et non pas à nos gouvernements. Notre Etat révolutionnaire ne peut pas être favorable au progrès ; un gouvernement, quelque bon qu'il soit, ne peut pas s'occuper des intérêts du peuple et des progrès de la science, quand sa principale préoccupation est de se maintenir en place et quand il change aussi fréquemment que nous le voyons changer en France, surtout depuis que nous sommes en République. Car, jamais nous n'avons vu les dépositaires du pouvoir mécontenter autant les républicains que depuis qu'ils sont républicains eux-mêmes. Depuis 30 ans, nous entendons dire de plus en plus que la République est menacée.

Le bien-être ne fait pas le bonheur. Notre bonheur dépend surtout de notre état d'esprit et de l'équilibre qui existe entre le riche et le pauvre ; or, cet équilibre a été détruit par l'esprit antireligieux dont sont animés les renards qui font rapidement fortune comme mandataires du peuple et qui oublient le bouc resté au fond du puits, plus que l'oubliaient ceux dont la fortune, produite par l'union du capital et du travail, était la conséquence d'une longue suite d'héritages justifiés.

D'autre part, les exemples de fortunes rapides, qu'aucun travail ne justifie, excitent chez le peuple des appétits qui ne peuvent pas être satisfaits. De là, des irritations et des convoitises qui nuisent à la paix, au travail, et par conséquent au bonheur du peuple. Il est facile de se rendre compte de ce que vaut l'opinion que j'émets sur les inconvénients de l'omnipotence de l'Etat. Il suffit de considérer les fortunes rapidement faites de certains hommes publics et de comparer les budgets de l'Etat et les feuilles d'impôts à 30 ans de distance. Cet examen peut être suivi de celui des hommes qui prêchent le socialisme. On trouve en haut les renards qui font leurs affaires, en bas ceux qu'ils soudoient pour troubler l'esprit des ouvriers ; entre les deux, quelques égoïstes qui aspirent à prendre place parmi les premiers.

La France et le peuple français jouissent d'un climat et d'un sol d'une richesse formidable ; malgré cela, nous ne sommes plus la première nation du monde, parce que le développement des idées socialistes mène à la ruine. Je m'en rapporte au jugement porté sur les socialistes français par les socialistes étrangers au dernier congrès socialiste international. Nos grèves permanentes prouvent le mécontentement du peuple et le peu de sécurité des entreprises, et par conséquent du travail ; or, sans travail, que deviendra le peuple ? Il se jettera sur tout ce qu'il trouvera et ne sera arrêté que par un peuple étranger mieux discipliné, qui lui imposera son joug.

Cela arrivera d'autant plus sûrement que le peuple qui voudra nous envahir trouvera devant lui un peuple absolument indiscipliné, sans armée, et dans l'impossibilité d'en reformer une.

Un peuple voisin voudra-t-il nous envahir ?

Beaucoup de choses autoriseront à le craindre. La France est le pays qui attire le plus l'étranger et où on vit le mieux. Son climat et ses produits sont enviés du monde entier, absolument comme les capitaux et les propriétés sont convoités par les socialistes.

Un gouvernement voisin y trouvera donc des ressources supérieures à celles du pays qu'il administre. Avec ces ressources, il pourra soulager son peuple actuel, et cette perspective disposera ce peuple à nous envahir.

L'histoire de 1870-1871 est trop près de nous pour que nous prétendions qu'une invasion est impossible.

D'autre part, les socialistes allemands ont nettement déclaré aux socialistes français que leur pays était le mieux gouverné, quoique le gouvernement soit monarchique,

que la République ne méritait pas qu'ils compromettent pour elle leurs têtes et leurs intérêts. Il y a donc lieu de craindre que ces socialistes marchent contre les socialistes français, considérés comme mauvais, quand ce sera leur intérêt.

Le peuple français sera-t-il indiscipliné ?

Sans aucun doute. Il donne trop de preuves, actuellement, de son indiscipline, pour qu'on puisse espérer que la doctrine socialiste française le rende plus docile. Car cette doctrine est elle-même son principal ennemi.

Elle prêche la révolte contre tout ce que le temps a consacré. Pourquoi ne se révolterait-on pas aussi contre elle ? La logique veut qu'on se révolte dès qu'on est socialiste et libre-penseur, contre quiconque vient imposer une ligne de conduite (le socialiste prêche la libre-pensée), car, pour que je sois *libre-penseur*, il faut qu'on ne me dise ni ce que je dois penser, ni ce que je ne dois pas penser. C'est à moi à trouver, autrement je ne suis pas libre. Comme mes actes doivent être les conséquences de mes pensées, on ne doit pas plus m'imposer des actes que des pensées. Donc, si je suis socialiste et libre-penseur, je dois être indépendant et indiscipliné.

Inconsciemment, l'homme est logique, c'est-à-dire qu'il subit malgré lui les conséquences naturelles de ses actes. C'est pourquoi le socialisme se heurtera à sa propre doctrine et ne pourra jamais tenir le haut du pavé au point de renverser la religion, à laquelle revient forcément l'homme qui a éprouvé de la part de ses semblables les inconvénients de l'indiscipline et de l'indépendance. L'aristocratie et la bourgeoisie ont souri les premières à la libre-pensée et montré au peuple le chemin de l'indiscipline. Etouffées, elles sont revenues à la religion qui montre les horizons de l'espérance. Le peuple fera de même quand il se sera bien meurtri.

La France sera-t-elle sans armée contre des peuples armés ?

Certainement, puisque les socialistes n'en veulent plus. En cela, ils sont logiques : non seulement l'armée exige de la discipline et eux veulent être libres, mais ils ne veulent pas de *patries* : donc, ils n'ont pas besoin de quelque chose pour défendre la leur. Malheureusement, le congrès d'Amsterdam nous a montré que les socialistes étrangers ont conservé l'idée de patries et se sont nettement mis en opposition avec les socialistes français.

C'était inévitable. Le socialisme ayant pour but l'accaparement du capital et de la propriété par l'ouvrier, les socialistes étrangers ont forcément le désir de s'emparer de la propriété et du capital français, qui sont les meilleurs, et ils ne veulent pas que les socialistes français leur réduisent la part du butin. Comme l'ont avoué les Allemands, c'est eux qui sont les mieux gouvernés, par conséquent ils sont les plus forts et comptent bien se faire la part du lion, c'est-à-dire tout prendre. Ils sont donc parfaitement logiques en conseillant aux socialistes français de ne pas vouloir d'armée. Le jour où la France n'en aura plus, la victoire sera plus facile pour l'Allemagne.

Les scandales dont nous sommes témoins depuis l'affaire Dreyfus donnent à craindre que les indisciplinés soient déjà trop nombreux dans l'armée, pour que les bons éléments puissent lutter avantageusement le jour où il faudra faire appel à leur dévouement.

La France ne pourra-t-elle pas reformer son armée, si c'est nécessaire ?

Oui et non.

Elle pourra reformer son armée, quand les générations

futures, fatiguées et disciplinées sous le joug de l'étranger, éclairées par les événements, seront revenues à des idées saines.

Elle ne le pourra pas pour le jour où il faudra tenir tête à l'ennemi. Une armée ne se forme pas en un jour, surtout si on a pour la composer des éléments ennemis de la discipline, des gens qui se flattent d'être sans patrie, et qui ne voient dans la guerre que la satisfaction du désir qu'ont certains chefs de se faire élever des statues.

On ne saurait trop le redire, les récompenses qui suivent les guerres n'en sont pas le but, elles en sont les justes conséquences. Si l'histoire offre quelques exemples d'hommes ayant eu un motif d'ambition personnelle pour vouloir la guerre, ce motif n'a jamais été la seule cause des guerres. La guerre est certainement une calamité, mais comme l'a si bien exposé J. de Maistre, c'est une calamité nécessaire de temps en temps, pour soutenir et relever le moral des peuples. Un peuple qui renonce à la guerre est destiné à être écrasé par les autres, car il ne peut plus défendre ses intérêts commerciaux et son travail. Nous en avons la preuve dans le résultat des grèves de Marseille, dans l'abandon de nos droits à Terre-Neuve, dans le développement du grand nombre d'entreprises étrangères cotées à la Bourse de Paris, qui trouvent des capitaux français pour faire concurrence aux entreprises françaises, etc.

Cela aussi est inévitable ; car il est dans la nature des peuples, comme dans celle des individus, de désirer le bien d'autrui. Les socialistes sont la preuve la plus évidente que telle est la nature humaine. Que font-ils en attaquant le capital et la propriété ? Ils convoitent le bien d'autrui.

Par contre, un peuple qui sait conserver l'esprit militaire et qui se tient toujours prêt à la guerre, voit accroître son travail, son bien-être, son commerce et sa puissance. Nous en avons un exemple dans l'essor de l'agriculture, de l'industrie et du commerce allemand, depuis 30 ans.

Les socialistes le savent bien, mais ils savent aussi qu'un peuple qui se tient prêt à la guerre n'est pas la proie du socialisme. En France, ils font tout pour donner le change à la population. En même temps qu'ils détruisent l'esprit et nos forces militaires, ils se prêtent à rechercher toutes les occasions de faire croire au peuple français qu'il est puissant. Aussi, voyons-nous élever des monuments commémoratifs tardifs à des faits souvent insignifiants. Les sociétés de vétérans, les banquets de mobiles, etc., sont autant de choses qui prouvent que le peuple voudrait ne pas croire à sa décadence militaire, en même temps qu'elles font ressortir cette décadence aux yeux de ceux qui savent ce que c'est que la guerre. Il y a là un trompe-l'œil à l'aide duquel nos gouvernants actuels font croire qu'ils songent à la défense des intérêts de la France, alors qu'en réalité ils les sacrifient.

La nation armée, que sont arrivés à faire nos politiciens de la gauche, est une absurdité. Loin d'être un progrès, c'est reculer de beaucoup de siècles. Tout le monde soldat, c'est le principe des peuples nomades, qui sont soldats, pasteurs, agriculteurs, industriels, suivant les lieux et les circonstances, mais qui sont surtout pillards. Le jour où un peuple est fixé, où les maisons ont remplacé les tentes, où le travail est bien établi, on ne peut pas déranger impunément chacun de son ouvrage, il faut qu'il y ait des travailleurs et des protecteurs du travail. La nation armée, quelle que brave qu'elle soit, est destinée à subir le joug de l'armée de métier. Nous l'avons encore vu en Algérie à notre époque.

Depuis que nous avons la nation armée, les peuples voisins nous font la loi comme ils ne nous l'ont jamais faite. Il ne faut pas m'objecter la guerre de 1870-1871. C'est une guerre fausse. La condamnation de Bazaine a prouvé qu'on n'avait pas demandé à l'armée ce qu'elle pouvait faire. La deuxième partie de la guerre, sous d'Aurelles de Paladines, un soldat, a montré que nous pouvions beaucoup ; la troisième, sous Chanzy, a été comme la première l'œuvre des politiciens. Je ne peux pas me résoudre à partager l'opinion publique qui a fait élever une statue au général Chanzy. Après avoir formé une vraie armée à l'aide de débris, d'Aurelles a eu à Coulmiers notre seule victoire, mais victoire incontestée. Il n'a jamais reculé. Avec cette même armée, Chanzy n'a eu que des revers. Certains faits permettent de croire qu'un soldat, uniquement soldat, aurait tiré meilleur parti que lui de la deuxième armée de la Loire. Je base cette opinion sur ce dont j'ai été témoin du 6 au 12 janvier 1871 et sur la relation de ces mêmes jours donnée dans une brochure allemande par un colonel allemand.

L'armée française avait certainement à refaire, mais personne ne le savait mieux que les militaires eux-mêmes, et personne ne désirait plus qu'eux corriger leurs défauts, personne n'était plus intéressé qu'eux à les bien corriger. Les radicaux et les socialistes ont commis un crime en imposant petit à petit des réformes militaires que déplorent tous les vrais soldats qui sont prêts à défendre vraiment la France. Gênés par des institutions antimilitaires, perdus dans la foule de ceux qui n'auront du soldat que l'habit, les gens de métier ne pourront pas réparer instantanément les déplorables effets des idées socialistes françaises.

Le congrès socialiste d'Amsterdam a fortement donné à réfléchir à tous ceux qui se préoccupent de la question sociale. Il a bien montré l'abîme dans lequel les socialistes français nous précipitent. Cet abîme, c'est la soumission de la France à l'étranger, c'est le travail français enrichissant l'étranger par ordre et non pas à la suite de justes transactions. La France produira, car son sol est trop riche pour que l'étranger n'en tire pas tout ce qu'il pourra donner ; il y aura toujours de la fortune en France, mais l'étranger en prendra ce qu'il voudra, tandis qu'il ne devrait en avoir que ce que nous voudrions.

CHAPITRE VII.

—

UN COUP D'ŒIL DANS LE PASSÉ

La tendance actuelle est de vouloir qu'avant notre époque le peuple fut malheureux, abruti par l'esprit religieux et le servage. Avec un peu de réflexion, on peut se dire tout d'abord que le peuple a toujours eu pour lui le nombre, c'est-à-dire la force, et que s'il avait été aussi malheureux que certains le prétendent, il aurait pu secouer son joug bien avant la Révolution de 1789.

Les exemples sont nombreux avant cette époque de peuples qui se sont soulevés contre l'autorité. Si l'ancien régime a duré aussi longtemps en France, évoluant lentement jusqu'à la Révolution, c'est que le peuple s'en trouvait bien.

J'emprunte à la *Réforme sociale* l'exemple suivant, qui nous montre la supériorité de l'ancienne législation sur la nouvelle, en ce qui concerne les successions :

« La famille Melouga vivait dans une ferme située à
« 1,000 mètres au-dessus du niveau de la mer, dans les
« Pyrénées, se composant de 18 hectares, dont 14 en
« prairies. Cette ferme s'était maintenue dans la famille
« depuis *quatre siècles* et avait été sans interruption trans-
« mise du père à l'aîné des enfants. Celui-ci, appelé
« l'héritier ou l'héritière, se mariait à la maison et
« reprenait le bien après le décès du père ; il recevait par
« disposition de dernière volonté la quotité disponible
« comme préciput et devait indemniser ses frères et
« sœurs ; il y avait toujours quelques-uns d'entre eux
« qui ne se mariaient pas, restaient sur le domaine et

« léguaient leur part au propriétaire ou à l'aîné de ses
« enfants. Le produit net annuel de l'exploitation et la
« dot de l'épouse de l'aîné servaient à l'établissement
« des enfants qui quittaient la maison pour se marier, si
« bien qu'à la mort du père une partie des enfants étaient
« indemnisés par les sommes touchées de son vivant ;
« les autres frères et sœurs de l'héritier recevaient aussi
« leurs parts à mesure qu'ils s'établissaient au dehors.

« Au décès du propriétaire, en 1836, il y avait huit
« frères et sœurs : la valeur de la ferme fut, lors du
« partage, estimée à 17,368 francs. L'aîné était une fille.
« Son mari prit, d'après la vieille tradition, le nom de
« la famille dans laquelle il était entré en épousant l'hé-
« ritière. Celle-ci reçut un préciput de 4,342 francs. Le
« reste fut partagé également. L'héritière eut en consé-
« quence une part de 5,970 fr. 25 ; les frères et sœurs
« obtinrent 1,628 fr. 25. Avec le partage égal, chaque
« enfant eût eu 2,171 francs ; mais la reprise du domaine
« eût été impossible pour l'un des héritiers et *les frais*
« *de la vente, surtout de la vente judiciaire, eussent absorbé*
« *une grande partie des 542 fr. 75 que chacun des frères et*
« *sœurs eut obtenu de plus.* Deux d'entre eux s'étaient
« mariés du vivant du père et avaient obtenu des sommes
« à peu près égales à leur part héréditaire ; trois autres
« furent payés de leur part par l'héritière ; les autres
« restèrent célibataires et léguèrent leur part à l'aîné des
« enfants du titulaire du domaine. A sa mort, en 1864,
« les parts héréditaires des cinq frères et sœurs de l'hé-
« ritière montaient à 2,395 fr., qui furent remboursés.
« Il est étonnant qu'une aussi petite propriété ait été en
« état de fournir ces indemnités importantes sans endet-
« tement. Abstraction faite de l'apport de dot fait par la
« femme de l'héritier, cela s'explique par l'extrême

« économie et l'activité très grande de tous les membres
« de la famille : *les uns étaient poussés par le désir de main-*
« *tenir le bien de la famille, les autres par celui d'augmenter*
« *par leur travail les bénéfices, de manière à rendre leur*
« *mariage possible.*

« En 1864, un oncle du propriétaire attaqua le partage
« de 1835 pour violation des règles sur la réserve et le
« partage en nature ; l'action fut intentée quelques se-
« maines avant l'expiration du délai de prescription
« trentenaire. Le procès fut gagné par le défendeur, mais
« les frais et la perte de temps nuisirent de façon sensible
« au bien-être de la famille. Plus redoutable encore était
« l'extension que les idées d'égalité dans le partage trou-
« veraient, grâce à ce procès, parmi les nouvelles géné-
« rations. La conduite de l'oncle mit au jour l'idée que,
« jusqu'alors, les puînés avaient été sacrifiés injustement
« et ébranla l'autorité du partage paternel qui, jusque-là,
« avait été considéré comme un pacte de famille *inviolable.*
« Les conséquences ne devaient pas être longtemps à se
« manifester.

« La propriétaire de la ferme, devenue veuve, attribua,
« lors du partage de son patrimoine, en 1874, la quotité
« disponible à son « héritière ». Après sa mort, deux
« beaux-frères de l'héritière exigèrent le paiement im-
« médiat de la part successorale de leurs femmes ; cette
« exigence et les dettes causées par le procès conduisirent
« à la vente de quatre hectares de prairies ; l'exploitation
« perdit par là de son rendement et, en 1882, la
« dernière « héritière » vendit le reste du domaine. »

Fermiers et petits propriétaires qui vous plaignez de
l'abandon de vos enfants, des difficultés que vous ren-
contrez pour l'exécution des travaux de la campagne,
voyez dans la législation moderne sur les successions les

principales causes de vos maux, le détachement de la terre et par suite la disparition du respect de la tradition, c'est-à-dire de vous qui la représentez.

Pour marcher d'un pas sûr dans le présent vers l'avenir inconnu, il faut s'appuyer sur le passé. C'est le seul moyen de ne pas verser. Les bonnes routes comme les bonnes habitudes sont établies sur un vieux fond auquel on ne touche jamais et sur lequel on peut charger sûrement.

La société n'est pas tout à fait comme un édifice. Il peut y avoir avantage quelquefois à mettre une maison par terre, plutôt qu'à la réparer, si on peut loger ailleurs pendant qu'on construit. Mais la société ne peut pas être démolie et reconstruite à nouveau de toutes pièces. Les naissances et les morts se succèdent, liant sans interruption le passé au présent. Par conséquent, les idées et les mœurs ne peuvent se modifier que petit à petit. Dès lors, tout bouleversement comme la révolution est mauvais et le peuple qui l'a subi en est longtemps victime.

J'ai choisi l'histoire de la famille Melouga parce qu'elle montre à quoi tient l'esprit de famille et son importance pour le bonheur du peuple. Car c'est de l'esprit de famille que dépend l'esprit de société. Quelle chance a-t-on de voir se bien conduire dans la société des gens qui se conduisent mal en famille ? Pourquoi servirait-on mieux un patron qu'un père ?

L'esprit de famille disparu, l'esprit gréviste est apparu. Malgré cela le bien-être matériel s'est considérablement développé. Mais, comme je l'ai déjà dit, cette amélioration n'est pas due à l'esprit nouveau du siècle ; elle est le résultat des découvertes scientifiques ; ces découvertes eussent produit des effets bien supérieurs, si le peuple avait été animé comme autrefois d'un bon esprit de famille et de concorde.

Du reste, la multiplication des sociétés de bienfaisance de secours et d'assurances que nous voyons à notre époque, prouve que la misère des uns a augmenté à côté du bien-être des autres, et que les heureux eux-mêmes ne se sentent pas en sécurité. Tout n'était pas merveilleux autrefois, c'est certain, mais néanmoins l'équilibre entre les besoins des gens et leurs ressources était mieux assuré qu'aujourd'hui.

La révolution de 1789 brusquant l'évolution naturelle, nous a mis en face du progrès de la science, sans nous donner l'équilibre moral nécessaire pour en bien profiter. De plus, elle a renié l'éducation et la législation religieuses, qui seules permettent d'avoir des lois simples et par suite un peu de liberté. Plus nous allons, plus on fait de lois, plus on supprime par conséquent de libertés.

Il ne faut pas nous faire d'illusions, le rôle de législateur est très délicat à remplir. A considérer l'évolution lente qui s'est produite avant 1789 et grâce à laquelle le peuple français était au-dessus des autres, on peut croire que les législateurs étaient meilleurs que ne le sont aujourd'hui des députés et des sénateurs dont la première qualité ne doit pas être de connaître les lois existantes, mais d'être animés de certains sentiments politiques.

Aussi nos inutiles législateurs s'efforcent-ils de faire croire à leur utilité en détruisant des lois libérales pour en faire de contraires à la liberté. Comme c'est le cas pour la loi sur l'enseignement ; en reniant l'égalité par la loi qui permet les associations, sauf les religieuses, et qui retirent à ces dernières leurs droits légitimement acquis ; en détruisant les vieilles coutumes dans le partage des fortunes, pour leur substituer une législation qui porte atteinte à la fraternité.

Méfions-nous du « tout nouveau, tout beau » ; avant

d'admirer notre époque regardons un peu en arrière. L'état heureux d'un peuple est exprimé par la tranquillité, ce n'est pas notre cas aujourd'hui ? Donc, nous sommes forcés de reconnaître que nos institutions et notre état d'esprit ne nous permettent pas de profiter comme nous pourrions le faire de ce qu'on appelle le progrès.

Le peuple *d'autrefois* était-il moins intelligent que celui d'aujourd'hui ? Ce n'est pas probable. Les connaissances peuvent varier, mais l'intelligence est toujours la même. Le peuple était-il moins instruit ? Je ne le crois pas non plus, je dirai pourquoi dans la suite.

Si on considère comme instruit l'homme qui lit le journal et qui rêve à la solution des questions philosophiques et sociales en prenant pour seules guides la raison humaine et l'expérience personnelle, l'homme du peuple est certainement plus instruit que celui d'autrefois. Mais, si on tient compte du vide que laisse la lecture du journal et de son inutilité pour l'homme qui a besoin de connaître et de perfectionner son gagne-pain, si on se rend compte que le philosophe qui part de ses propres connaissances est un rêveur qui reste toujours dans le vague et l'incertain, destiné à mourir de faim s'il n'a pas de rentes qui lui permettent de vivre sans travailler, on est obligé de reconnaître que l'homme du peuple était plus et mieux instruit autrefois qu'aujourd'hui. C'est grâce à cela qu'il savait mieux que l'homme de nos jours surmonter les difficultés de son époque.

L'instruction est ce qui porte à la connaissance de l'homme ce qu'il a besoin de connaître pour améliorer son sort, c'est-à-dire ce qui se rapporte à sa profession et ce qui lui permet d'acquérir cette connaissance.

Pour l'homme du peuple qui est obligé de travailler pour gagner un salaire journalier, l'instruction se décompose en deux : 1º l'instruction professionnelle qui s'apprend en s'exerçant ; 2º l'instruction dite primaire, qui aide l'ouvrier à diriger et à utiliser son travail.

A notre époque on se plaît à dire au peuple que c'est la révolution qui l'a émancipé et qui l'a tiré de l'ignorance. Rien n'est plus faux. La révolution l'a plongé, au contraire, dans l'ignorance la plus complète. Il a fallu le pouvoir absolu de Bonaparte pour le tirer de l'abîme. Mais la révolution avait fait un mal que nous n'avons pas encore réparé ; il s'en faut de beaucoup.

D'après H. Taine et A. Babeau, dont les ouvrages font autorité, les écoles étaient aussi nombreuses en France que les villages, ou à peu près, et la tendance à développer l'instruction était telle que ces auteurs considèrent comme un mérite pour le fondateur des frères ignorantins d'avoir interdit à son ordre l'enseignement du latin. La révolution vint tout bouleverser.

Les écoles étaient toutes ou presque toutes entre les mains du clergé ; il y avait bon nombre d'écoles gratuites fondées par des particuliers, et la grande majorité étaient payées par les habitants des paroisses. Les maîtres étaient souvent choisis par les habitants (je ne parle que de l'instruction primaire). Il en résultait que les enfants recevaient une instruction adaptée aux besoins de leurs professions, c'est-à-dire des professions de leurs parents. Ces fils succédaient aux pères, apportaient les perfectionnements que l'instruction reçue portait à leur connaissance. Le peuple se défendait alors matériellement mieux qu'aujourd'hui, où les enfants plus lettrés que leurs parents n'ont qu'une idée, celle de sortir de leur condition, de sorte que le travail est toujours entre les mains de débutants privés de la tradition et des avis de gens susceptibles de s'intéresser à eux. Il en résulte que quelques sujets très intelligents se tirent d'affaire aux dépens de leurs semblables qui gémissent de plus en plus.

La révolution a démoli les écoles au XVIIIe siècle parce qu'elle voulait démolir la religion. L'enseignement religieux tenait en effet une grande place dans les écoles primaires. Le peuple y apprenait la philosophie chrétienne, c'est-à-dire d'où vient l'homme, où il va et comment il doit se comporter moralement pour que son travail matériel soit récompensé. Fixé de ce côté, il pouvait consacrer tout son temps à travailler ; il n'en perdait pas à philosopher à l'aide de son journal sur la question sociale et la politique, deux choses qu'il ne peut pas plus traiter aujourd'hui qu'autrefois, car, étant donné qu'il est obligé de gagner son pain quotidien, il lui est impossible de consacrer à ces deux études le temps nécessaire pour le faire sérieusement. L'enseignement religieux satisfait la partie immortelle de l'homme du peuple, son âme, tout en lui laissant tout son temps pour soigner son corps.

Dans ces conditions, le peuple ne se serait pas prêté au bouleversement général que voulaient les révolutionnaires de 1789. Ils avaient besoin pour réussir de le plonger dans l'ignorance. Aussi, proclamèrent-ils après Voltaire que l'instruction doit être une affaire de gouvernement. Les misères du peuple ne les touchent pas. Ce qui les touche, c'est ce qu'ils veulent faire maintenant qu'ils sont au pouvoir.

« Le Directoire échoua comme la Convention dans son désir de remplacer ce qui avait été détruit ; aussi de toutes parts, les Conseils généraux en 1800 et 1801 signalent le manque d'écoles ou leur abandon. Les préfets tiennent souvent un langage analogue à celui des Conseils généraux » (1).

(1) L'École du Village pendant la Révolution.

Il ne faut donc pas attribuer à l'ignorance la tranquillité du peuple sous l'ancien régime. Elle était le résultat d'un meilleur emploi de ses forces par suite d'une meilleure instruction. Pour la majorité des gens qui ont autre chose à faire que de savoir ce qu'on apprend dans les écoles, l'important n'est pas de savoir beaucoup, mais de savoir bien ce qui est utile.

Le manque de respect aux parents et aux maîtres, le mépris de la condition dans laquelle on est né, ont certainement leur origine dans l'instruction qui est donnée au peuple et dans la manière dont elle lui est donnée.

En est-il plus heureux ? Non, du moins on est autorisé à dire non en lisant tous les écrits socialistes et en entendant les gémissements des patrons de toutes catégories et des ouvriers.

Les admirateurs de la Révolution ne peuvent pas nier que l'époque des assignats fut une époque de ruines pour toutes les classes de la société et que le règne de la guillotine fut un règne cruellement et injustement sanglant. La révolution fut une ère de destruction.

Ce qu'il y avait de bon dans les idées nouvelles avait été inscrit dans les cahiers du clergé, de la noblesse et du tiers-état. La Révolution a empêché les états-généraux d'étudier les moyens honnêtes de faire cesser les défectuosités de leur époque.

Le restaurateur de la France fut le premier Consul. Pour rendre au peuple la tranquillité et les connaissances dont il a besoin pour gagner sa vie, son premier soin fut de s'occuper de son instruction.

Comme je l'ai dit plus haut, presque partout on lui signala l'absence ou l'abandon de l'école, *et cela parce que les religieux réguliers ou séculiers, qui donnaient l'enseignement presque gratis, n'avaient pas été remplacés.* La Révolution

avait été si pauvre en hommes instruits, que Napoléon Ier
« *exempte de la conscription les Frères des écoles chrétiennes*
« *qui sont les instituteurs du petit peuple. Quand des voca-*
« *tions religieuses viennent s'offrir pour un service public, il*
« *les accueille et se sert d'elles. Il leur accorde des dispenses,*
« *des faveurs, sa protection. En dehors des congrégations*
« *qu'il autorise, Napoléon laissa naître de 1804 à 1814*
« *cinquante-quatre communautés nouvelles.* » (1).

Quelque sévère que soit le jugement qu'on porte sur
Napoléon Ier, on est obligé de reconnaître que ce fut un
homme supérieur et qu'il releva la France des ruines
occasionnées par la Convention, sur lesquelles le Directoire la laissait languir. S'il a jugé bon de rétablir la
religion et s'il s'est adressé aux religieux pour instruire le
peuple, c'est une preuve que la religion et les religieux
ne plongent pas le peuple dans l'ignorance, comme le
prétendent nos révolutionnaires actuels. Car, il ne faut
pas nous le dissimuler, nous ne sommes pas entre les
mains de républicains, nous sommes entre les mains de
révolutionnaires francs-maçons, qui font de la France et
de la République leur chose, qui falsifient complètement
l'histoire et qui cherchent à plonger le peuple dans les
ténèbres du matérialisme, pour le maintenir dans un état
de trouble, grâce auquel ils peuvent le gruger.

Je ne prétends pas que tout était parfait autrefois. La
preuve irrécusable qu'il y avait de grands vices à corriger,
c'est que l'ancien régime a succombé. Le gouvernement
actuel nous montre qu'on peut être bien coupable avant
de perdre le pouvoir. Il a donc fallu que l'ancien régime
soit énormément coupable. Mais sa chute en 1789 ne
prouve pas que ses principes fussent mauvais. Le temps
qu'il a duré prouve au contraire qu'ils étaient très bons

(1) Taine. Régime moderne.

puisqu'il a fallu de longs siècles pour en mal user. Car, ce n'étaient pas les principes qui étaient mauvais, ce furent les hommes qui les appliquèrent mal.

Nos principes modernes ne les valent certainement pas, puisque ceux qui les appliquent tombent au bout de peu d'années (depuis 1789, les gouvernements qui ont le mieux résisté ont vécu 18 ans), ou bien les hommes auxquels nous confions le pouvoir sont encore plus mauvais que ceux d'autrefois. Que peut-on attendre de gouvernements qui changent ainsi et surtout de ceux qu cherchent, comme celui actuel, à tromper le peuple et à l'entretenir dans une agitation perpétuelle ? Rien de bon évidemment. Incertains du lendemain, les gens au pouvoir n'ont qu'une préoccupation, améliorer leurs positions pour ne pas se retrouver après la chute comme avant l'élévation.

Je reconnais que de tout temps il y a eu des gens au pouvoir qui ont songé à eux et qui en ont profité. Mais autrefois, ils songeaient aussi à bien faire les affaires publiques, parce que, croyant tenir le pouvoir pour longtemps, ils avaient intérêt à ce que les affaires publiques soient bien menées pour en profiter.

Que faut-il conclure de ces réflexions avant d'aller plus loin ?

Tout d'abord, nous avons vu par l'exemple de la famille Melouga que les petites gens pouvaient posséder sous l'ancien régime tout aussi bien qu'à notre époque, puisque cette famille était propriétaire depuis 400 ans. Les petites gens ne doivent donc pas aux principes révolutionnaires de pouvoir devenir propriétaires.

En outre, les lois anciennes protégeaient beaucoup mieux les petits propriétaires que les lois nouvelles.

Enfin, le respect de la famille et du bien de famille

tenait le peuple dans des dispositions morales beaucoup plus favorables à sa prospérité que le régime actuel, puisqu'il le rendait travailleur et animé de l'esprit d'association ; tandis qu'aujourd'hui, le système du partage rend les gens égoïstes et paresseux. Or, le bonheur du peuple qui gagne son pain dépend avant tout de son travail et du bon accord qui existe dans la société.

Après le travail, c'est l'instruction qui assure le bonheur du peuple ; or, autrefois, le peuple était mieux instruit qu'aujourd'hui, parce qu'en outre de l'instruction profane, il recevait mieux l'instruction religieuse, qui lui apprenait à mettre l'instruction profane au service des professions, tandis qu'aujourd'hui on cherche des professions pour utiliser une instruction profane dont on est embarrassé, comme une poule le serait d'un couteau.

Les gens du peuple intelligents, loin de croire tout le mal qu'on peut leur dire du passé, loin de s'en effrayer, doivent se dire que si le passé a duré aussi longtemps sans de grands troubles, c'est qu'il valait mieux que le présent, où nous sommes inquiets tous les jours ! Ils doivent penser qu'il en est des vieilles institutions comme des vieux habits : c'est à la durée qu'on les juge. Or, la religion a résisté à tous les orages révolutionnaires, le peuple et les gouvernements y sont toujours revenus ; c'est une preuve qu'elle est bonne et nécessaire ; et c'est une raison de croire qu'elle triomphera encore de l'orage actuel, que Combes n'est pas plus fort que Robespierre, et que l'exemple de Napoléon Ier sera suivi par le prochain sauveur de la France. Nous avons déjà un retour aux anciennes lois, on voudrait une loi établissant le *bien de famille insaisissable*, c'est un commencement, le reste suivra.

Je ne prétends pas qu'il faille revenir en tout à l'ancien

régime. Je soutiens seulement que ceux qui effrayent les électeurs avec le retour du passé ne savent pas ce qu'ils font. Il n'y a que ce qui était bon dans le passé qui reviendra par la force des choses, mais ce qui était bon reviendra.

Enfin, les gens instruits sont obligés de reconnaître que la religion a toujours été la principale protectrice de l'instruction, que par conséquent un gouvernement socialiste, qui dit le contraire, ment au peuple ; et il n'y a rien à attendre d'un menteur que des déceptions. En effet, jamais régime fut plus absolu et moins libéral que celui des sectaires qui nous gouvernent, comme nous le verrons dans la suite.

Les campagnes étaient beaucoup plus libres sous l'ancien régime qu'aujourd'hui. De nos jours, on écrit sur les édifices publics, — écoles, mairies et même églises, — le mot *liberté*, mais les processions ne sont plus libres de sortir ; le conseil municipal ne peut pas régler ses dépenses comme il lui plaît ; il lui faut le concours du percepteur pour établir son budget, l'autorisation du préfet et même souvent du ministre quand il veut faire une dépense utile. Autrefois, l'administration des intérêts communaux était réglée dans les assemblées générales des habitants du village. Ce système primitif se trouve encore appliqué en Angleterre, en Prusse, en Suède, en Russie, en Suisse et aux Etats-Unis, ce qui prouve qu'il s'accorde très bien avec la monarchie et avec la république (1).

Donc, notre république a privé les campagnes françaises d'une liberté de première importance, sans motif plausible. Comme les populations rurales sont plus nombreuses que les populations urbaines, la majorité du peuple s'est trouvé privée de sa principale liberté, celle de régler ses affaires intimes à son gré.

(1) A. Babeau. *Le Village sous l'ancien régime.*

6

Cet avantage que les campagnes avaient sur les villes était probablement pour beaucoup dans le maintien des populations rurales autour de leurs clochers. En outre d'une liberté plus grande, le paysan était flatté dans son amour-propre, on ne le considérait pas comme dénué d'intelligence et d'instruction par rapport au citadin. Au contraire, il était appelé à juger des choses dont on ne parlait pas à ce dernier.

« Sous l'ancien régime, à certains dimanches, à
« l'issue de la messe ou des vêpres, les femmes regagnaient
« leurs demeures, et les hommes, groupés autour du juge
« local ou du syndic, formaient l'assemblée de la commu-
« nauté. Ce président exposait les questions et les
« hommes délibéraient puis votaient à haute voix sur la
« décision à prendre. Ils dénonçaient les abus, signa-
« laient les améliorations à faire, décidaient des procès.
« On vit ainsi, même au moyen-âge, des paysans sou-
« tenir des procès contre leurs seigneurs.
« Les anciens avaient ordinairement voix prépondé-
« rante. Les femmes tenaient parfois dans ces assemblées
« une place que certains esprits revendiquent aujourd'hui
« pour elles comme une nouveauté. Ainsi, à Cauteret,
« dans les Pyrénées, les *veuves* figurent au même vote
« que les hommes dans l'assemblée communale réunie
« pour les élections aux états-généraux de 1576. Au
« xviiie siècle, elles figurent aux assemblées comme
« chefs de famille. Elles y sont convoquées par les agents
« des élections, des gabelles et des forêts !! » (1).

Dans ces assemblées, tout se passait au grand jour. On votait à haute voix. La confiance régnait, car on savait à qui on avait à faire ; tandis qu'aujourd'hui, on va à l'urne électorale avec un billet bien plié, bien caché, pour que personne ne sache ce qu'on fait.

(1) A. Babeau. *Le Village sous l'ancien régime.*

Nos législateurs modernes semblent avoir voulu deux choses : 1° faire naître la défiance dans le peuple, pour l'empêcher d'être fort par l'union ; 2° ménager la possibilité de falsifier le résultat des votes. Ce qui faisait la force du peuple sous l'ancien régime, c'était son union et l'impossibilité dans laquelle se trouvait le gouvernement de lui faire croire que l'opinion de la majorité est ce qu'il veut qu'elle soit. Il est à remarquer que le suffrage universel est toujours avec le pouvoir et le suit depuis le bulletin secret, quelque mécontentement qu'on ait du gouvernement.

Donc, ou le peuple n'exprime plus sa volonté, ou les agents du pouvoir falsifient ses votes et ne tiennent pas compte du peuple.

Autrefois, le peuple regimbait souvent dans les assemblées générales et les révolutions n'étaient pas aussi fréquentes qu'aujourd'hui, parce que le pouvoir, connaissant les vœux réels du peuple, en tenait plus compte qu'aujourd'hui.

Quand on fouille dans le passé, on est frappé de la mauvaise foi avec laquelle l'histoire est enseignée de nos jours. Nos gouvernants tiennent à se faire pardonner leurs infamies en faisant croire qu'ils ont apporté en compensation la suppression d'un régime sous lequel tout était souffrance pour le peuple.

Or, tout n'était pas souffrance, loin de là. Le peuple souffrait, c'est vrai. Il souffrait de tout ce dont on l'a délivré, c'est encore vrai. Mais il faut dire toute la vérité. Le peuple avait des armes dont les détenteurs révolutionnaires du pouvoir ont eu soin de le dépouiller, et on ne lui a rien donné en échange pour se défendre contre les nouvelles plaies dont on allait l'accabler.

Voilà pourquoi l'ancien régime, dont on fait un

monstre, a duré si longtemps et pourquoi notre époque est si troublée.

Qu'a le peuple pour se défendre aujourd'hui ?

Le suffrage universel et le syndicat.

Quel usage peut-il faire du suffrage universel ?

Il peut uniquement voter pour se donner des maîtres, qu'il ne connaît généralement pas, sauf pour les conseils municipaux. Une fois ces maîtres nommés, il n'a plus voix au chapitre. Il faut qu'il les subisse pendant toute la durée du mandat, après s'être prononcé sr les candidats comme un aveugle sur des couleurs. Il n'a plus, comme sous l'ancien régime, voix délibérative sur les questions que lui soumet son élu, dans les affaires de la commune ; et il ne peut pas plus sur le député, le sénateur ou le ministre qu'il y a 300 ans.

Quel usage fait-il des syndicats ?

Il trouble le travail, par suite, le commerce, et par conséquent, apporte une cause de plus à ses peines. Ce qui le prouve, c'est qu'il est divisé en deux : il y a les syndicats rouges, qui mettent le trouble dans les affaires, et les syndicats jaunes qui cherchent à maintenir l'ordre.

Ces derniers ont été longs à se former, parce que les ouvriers sont comme tous les autres hommes, les plus intelligents et les plus raisonnables, c'est-à-dire les moins nombreux, ne s'occupent des affaires publiques que contraints et forcés. L'honnête homme trouve qu'il a assez à faire en s'occupant de ce qui le regarde. Ce n'est que devant le danger pour lui et pour les autres qu'il se dévoue et se met en avant. Aussi, les affaires publiques sont-elles presque toujours, pour ne pas dire toujours, entre les mains d'intrigants.

L'ancien régime avait, sur le nouveau, l'avantage de faire naître les gens avec l'obligation de s'occuper des affaires publiques ; c'est pourquoi ils faisaient et conservaient des lois et des coutumes qui laissaient au peuple une partie de la responsabilité de son sort. Responsabilité dont le peuple avait conscience, comme il avait conscience du pouvoir qu'il détenait.

Les villes où étaient enfermés les petits rentiers et la bourgeoisie inoccupée, n'avaient pas les mêmes avantages que les campagnes. De plus, on y était soumis aux règlements de police, inévitables dans les agglomérations de population. La bourgeoisie y avait sous les yeux le sort de l'aristocratie, qu'elle jalousait. C'est elle qui fit la révolution. Elle ne fit pas qu'une révolution de gouvernement, elle fit aussi une révolution sociale.

Il n'appartenait pas plus à la bourgeoisie de rendre tout le monde heureux, que cela avait été possible à l'aristocratie. C'est une loi fatale, vieille comme le monde et qui ne disparaîtra qu'avec lui : il faut qu'il y ait des riches et des pauvres, des gens intelligents et des gens bornés, des hommes au pouvoir qui commandent et un peuple qui obéit.

Quand on veut sortir brusquement de sa catégorie, comme l'a fait la bourgeoisie en 1789, on fait autant de mal, si ce n'est plus, qu'en avait fait l'aristocratie en détenant négligemment le pouvoir. La révolution a ouvert la porte à tous les prétentieux, qui se mettent au travers des gens capables. La conséquence est inévitable, le moindre mal qui puisse arriver, c'est de perdre le temps nécessaire pour bien mettre en évidence l'incapacité de ceux à qui on a confié le pouvoir ; mais, le plus souvent, ils ont eu le temps de commettre des fautes parfois irréparables.

Ces prétentieux incapables se rencontrent surtout dans les villes, car, dans les campagnes, le travail absorbe trop les forces physiques et intellectuelles pour que le campagnard songe à abandonner une occupation dont le succès dépend de sa présence et assure sa vie.

Il faut que le paysan ferme l'oreille aux discours des politiciens de cafés, dont l'instruction est surtout puisée dans le journal et qui se croient capables de tout faire, parce qu'ils ne font plus ce que faisaient leurs pères. Comme je viens de l'exposer, la bourgeoisie a prouvé qu'en inscrivant les mots *liberté*, *égalité*, *fraternité* au-dessus de nos édifices publics, elle avait enlevé au peuple toutes les anciennes libertés, ses moyens de défense contre l'autorité, et qu'elle avait excité, même au sein du peuple (syndicats rouges et syndicats jaunes), les passions hostiles, sans rien mettre à la place.

La conclusion est forcée, à mon avis.

Aujourd'hui, la société a été totalement transformée. Le régime moderne ne peut pas plus revenir au régime du XVIIIe siècle que celui-ci pouvait revenir au moyen-âge. Le peuple n'a plus à craindre le retour de l'ancienne aristocratie et des défaillances qui ont causé sa perte. Il n'a plus en face de lui que l'aristocratie de la science et celle de la finance, dans lesquelles l'ancienne se confond de plus en plus, se corrigeant des défauts du temps passé. Il s'est produit, dans la société, ce qui se passe dans les arbres à fruits à la suite du greffage.

Il faut que le peuple s'adresse à cette nouvelle aristocratie et lui impose le soin de le gouverner. Mais il faut qu'il lui demande les garanties qu'il trouvait sous l'ancien régime, à savoir :

1° Respect et souci de la liberté religieuse et de la liberté d'enseignement. Elles sont intimement liées ;

2° Intérêts communs avec lui ;

3° Des preuves de capacité.

Le peuple doit rejeter sans exception ceux qui font valoir des raisons politiques pour briguer les suffrages. La politique ne peut qu'amener des divisions funestes au pays. Nous en avons eu la preuve sous le gouvernement provisoire, lorsque trois principes monarchistes se disputaient le pouvoir. Nous en avons la preuve à chaque élection, où chaque candidat républicain reproche à son concurrent de ne pas être bon républicain.

C'est grâce à ces divisions entre honnêtes gens que le pouvoir est tombé comme l'âne de la fable entre les mains du troisième larron, c'est-à-dire des révolutionnaires socialistes qui nous gouvernent aujourd'hui et dont j'ai examiné les principes dans cette brochure.

Ce qui rétablira les choses pour les campagnes, ce sera la bonne entente entre le paysan et le propriétaire sur le terrain du travail et de la religion, *que nous trouvons* aux temps passés à la tête de tout ce qui favorise le peuple.

Il y a des guides infaillibles pour savoir si on doit croire ce qu'on lit, le rejeter ou en douter. Ce sont les images et les traditions.

Le peuple était-il plus heureux autrefois qu'aujourd'hui, comme le prétendent les auteurs que j'ai cités ?

Je le crois.

Les images nous représentent des fêtes dont nous n'avons plus le spectacle, les livres où sont décrites les scènes de la vie journalière, nous parlent à l'occasion des moissons, des vendanges, des pêches, etc., de fêtes dont certains ont encore un vague souvenir et qui ont totalement disparu de nos mœurs. On nous montre le savetier rendant au bourgeois ses écus et lui redemandant son sommeil et sa chanson. Au dehors, le pâtre et le laboureur égayaient leurs travaux par des chansons qui avaient une poésie charmante et des caractères distingués.

Quand on danse et quand on chante, c'est qu'on est plus heureux que malheureux.

Aujourd'hui, la campagne est silencieuse, l'homme mûr y est toujours inquiet de ce que font ses sous-ordres, la jeunesse s'enferme dans les cabarets, où elle écoute des chansons dont le seul mérite est de venir de Paris, qu'un gavroche en guenilles a colportées au dernier marché ; chansons faites toutes sur le même modèle, inspirées par l'esprit des bas-fonds de la capitale et dont il ne reste rien. Partout, la gaieté et l'originalité ont été remplacées l'une par le silence et la préoccupation, l'autre par l'article uniforme de Paris à bon marché, aussi bien l'habit que la chanson.

Pourquoi ?

Parce que le paysan n'a plus son caractère propre. Il n'est plus *quelqu'un*, comme au temps des assemblées générales communales. Il est une copie plus ou moins réussie du parisien qui vit à ses dépens.

Ces signes ne sont pas trompeurs, le peuple est moins heureux qu'autrefois. Dieu veuille qu'il sache secouer bientôt le joug socialiste et révolutionnaire, qui le rend triste et inquiet.

CONCLUSIONS

Le léger coup d'œil que nous venons de jeter dans le passé, joint aux troubles de notre époque, suffit pour montrer aux électeurs honnêtes que le spectre de l'ancien régime et le spectre religieux, dont on cherche à effrayer le peuple, ne sont en rien redoutables.

Il y avait certainement des abus de pouvoir sous l'ancien régime ; mais le régime actuel nous montre qu'on peut les dépasser.

Les électeurs ne doivent donc tenir compte que de la valeur morale et intellectuelle des gens auxquels ils confient un mandat, sans se préoccuper de savoir s'ils regrettent ou non l'ancien régime. Les fautes de l'ancien régime étaient la conséquence du pouvoir mal exercé. Les chefs du régime actuel les commettent avec exagération. Ils tomberont à leur tour par la force des choses.

La civilisation suit régulièrement sa marche. Le bien revient toujours à son heure. Le mal est obligé de changer de forme pour recommencer la lutte.

CHAPITRE VIII

—

LA POLITIQUE

La politique, hélas ! c'est là notre misère. Sur cent électeurs, je suis bien sûr qu'il n'y en a pas un capable d'expliquer ce que c'est que la politique. Et cependant, tout le monde parle politique. Aussi, je commence par donner une définition de la politique avant d'en parler, afin de bien m'expliquer et d'avoir la chance d'être compris par ceux qui voudront bien me lire.

La politique est l'art de gouverner un Etat et de diriger ses relations avec les autres Etats.

Il convient avant tout de se rendre compte de ce que c'est qu'un Etat, pour juger des difficultés de la politique.

Un Etat, surtout un grand Etat comme la France se compose de régions qui diffèrent essentiellement les unes des autres, quant au sol, au climat, aux produits. Les population subissent l'influence de ces différences et présentent par conséquent des mœurs et des besoins qu'il faut mettre d'accord.

L'homme politique doit donc connaître toutes les régions de l'Etat dont il administre les affaires. Il ne lui suffit pas d'être renseigné par les agents qui dépendent de lui ou par les mandataires des populations auprès de lui. Il faut qu'il puisse apprécier les renseignements qu'on lui fournit et les comparer entre eux pour donner à chacun l'importance qu'il mérite. Un homme politique doit donc être un homme très complet, à vues très étendues. Un tel homme ne se rencontre pas partout. Il ne suffit pas d'avoir l'intelligence et les connaissances nécessaires pour faire un bon homme politique. Il faut encore savoir en faire usage. De même qu'il ne suffit pas d'être intelligent et instruit des choses de la terre pour faire un bon cultivateur. Nous voyons souvent des fermiers qui se dépaysent et qui sont des années avant de savoir tirer parti de leur nouveau domaine. Souvent même, ils échouent. En tout, c'est la même chose.

Pour remplir un emploi quelconque sur terre, il faut apprendre ce qui concerne cet emploi, et la meilleure école, c'est la pratique. Aussi, est-ce quand on est né dans une partie qu'on y réussit le mieux. Le jour où on étudie spécialement cette partie, on développe ses facultés d'autant plus qu'on est plus intelligent ; mais à égale intelligence, celui qui est né commerçant ou agriculteur sera plus fort que celui qui n'entre dans le commerce ou l'agriculture qu'après les avoir étudiés. Souvent même, on voit des gens qui n'ont jamais fait d'études spéciales être plus forts dans leur partie que ceux qui sortent des écoles, parce qu'ils ont pratiqué dès leur enfance le métier de leurs parents.

Il en est de la politique comme du commerce ou de l'agriculture. Tout le monde ne peut pas être homme politique. Il faut qu'il y ait un monde politicien comme il y a un monde militaire, un monde commerçant, un monde agriculteur, etc. Ce monde politique doit être indépendant, c'est-à-dire au-dessus des questions vulgaires de la vie, afin de ne pas être tenté de négliger les affaires publiques pour s'occuper des siennes. C'est une des raisons pour lesquelles il faut qu'il y ait des riches et même des très riches, contrairement aux idées des socialistes.

C'est un devoir pour ces riches d'accepter la charge des

affaires de l'Etat, et c'est une bêtise monstrueuse de la part du peuple de chercher en principe des hommes politiques en dehors des riches. Il y a, comme dans tout, des exceptions qui ne font que confirmer la règle générale. Quand on s'écarte de ces principes, comme nous l'avons fait en France, on tombe dans l'absurde comme cela nous est arrivé : on confie les affaires publiques à des gens qui y voient avant tout des assiettes au beurre à lécher, qui ne reculent devant aucune responsabilité, par suite de l'ignorance dans laquelle ils sont des responsabilités qu'ils acceptent et de ce qu'il faut connaître pour les accepter dignement.

Les affaires publiques sont d'autant plus compliquées que l'Etat est plus grand, a plus de branches de production, plus d'intérêts à défendre. De même qu'une localité présente d'autant plus de ressources que la contrée qui l'environne est plus productive et plus habitée. De la complication des affaires de l'Etat, il résulte que la direction doit en être divisée en plusieurs branches, lesquelles font chacune l'objet d'études et d'aptitudes particulières. L'homme ne peut pas être plus universel quand il s'agit des affaires de l'Etat, que quand il s'agit de ses affaires privées. Je prétends même qu'il peut l'être moins, car les premières sont plus importantes que les secondes.

Qu'adviendrait-il dans un village où chaque année le maréchal-ferrant changerait d'emploi avec le boulanger, le charpentier avec l'épicier, le charron avec le boucher ?

Les gens de la campagne porteraient vite leur clientèle dans les villages voisins, où le boulanger, le maréchal, l'épicier, le charpentier, le boucher et le charron resteraient chacun dans leur partie.

Eh bien, ce que nous ne supporterions pas dans un

village pour nos affaires particulières, nous le supportons depuis 35 ans pour les affaires publiques. Nous voyons nos mandataires confier les affaires à des gens qui sont indistinctement ministres de la guerre, des affaires étrangères, des finances, de l'intérieur, etc., et, qui souvent, n'ont d'aptitudes et de connaissances suffisantes pour aucune de ces branches. Auraient-ils toute l'intelligence et toutes les connaissances voulues pour occuper convenablement un des ministères, ils ne sont pas plus aptes à tous que les ouvriers sont aptes à tous les travaux. Les difficultés augmentent avec les situations.

Nos députés font plus que de tolérer cette absurdité ; ils la provoquent. C'est la meilleure preuve que puissent avoir les électeurs du mauvais choix qu'ils ont fait.

On ne saurait trop le répéter : le rôle de mandataire du peuple est un rôle très difficile à remplir. Il est si difficile, que les honnêtes gens refusent de l'accepter la plupart du temps. De sorte que la majorité des élus se composent de braves gens insuffisants, qui suivent par bêtise des canailles. Ceux-ci les entraînent en les flattant par un discours qui peut se résumer ainsi : « votre valeur « serait restée méconnue autrefois, c'est grâce à la révolu- « tion que le peuple a pu vous charger de ses intérêts, il « faut avant tout soutenir la République et voter avec « nous. » Et les bonnes bêtes votent avec les canailles et les aident inconsciemment à gruger le peuple et à commettre toutes les ignominies dont nous sommes témoins.

Les électeurs se sont laissé prendre aux promesses de réformes ; or, il ne faut pas croire qu'il y ait toujours à réformer. Cette croyance amène à l'amour du changement et le changement irréfléchi est le plus grand ennemi du progrès. Regardons autour de nous. Quelles sont les fermes, les propriétés, les usines, les maisons de commerce, etc., qui sont les plus prospères, où le progrès a le mieux pénétré. Ce ne sont certes pas celles dont les patrons ont changé tous les trois, six ou neuf ans. De loin en loin, on voit quelque retardataire arrêté par la routine, mais ce sont de très rares exceptions. Tandis que là où le patron a changé fréquemment, nous trouvons tout à faire. Quoiqu'à chaque changement de patron il y ait eu apports de frais d'installation supplémentaires, inévitables au changement, mais inutiles à l'exploitation.

La politique, qui est d'après notre définition une grande entreprise, ne peut pas plus échapper à la loi commune qu'une usine ou une ferme. Donc, nos mandataires servent mal nos intérêts en changeant perpétuellement les patrons de l'entreprise, c'est-à-dire les ministres, et en cherchant à introduire des changements inutiles et souvent nuisibles, dans le seul but de faire croire à leur importance personnelle.

Est-ce la seule bêtise de la part des uns et canaillerie de la part des autres ? Hélas ! non, nos représentants mal choisis, après avoir flatté et trompé le peuple pour se faire élire, flattent les ministres dont ils sont les complices et obtiennent pour les électeurs des faveurs onéreuses pour les contribuables, souvent peu méritées, récompense d'un vote qui pèse sur la conscience de celui qui s'est vendu. Nos représentants s'occupent avant tout de se conserver des électeurs. Les vraies affaires de l'État, la bonne politique, c'est leur moindre souci : du reste, ils sont pour la plupart incapables de s'en occuper. Elles restent alors livrées aux intrigants les plus malins, qui se vendent à des sectes corrompues, telles que l'histoire des fiches de délation vient de nous montrer la Franc-Maçonnerie.

Quel est donc le remède ?

D'abord, qu'attend-on du remède ?

Si c'est la perfection, il n'y a pas de remède ; forcément, il y aura toujours des intrigants parmi ceux qui auront la charge des affaires publiques. J'en ai donné les raisons : 1° les honnêtes gens s'effaceront toujours devant ceux qui demanderont les suffrages des électeurs ; 2° l'homme n'est jamais infaillible et les honnêtes gens auront moins que les autres, mais auront certainement des moments de faiblesse.

Mais si la perfection n'est pas de ce monde, on peut et on doit chercher à en approcher. Le moyen d'en approcher est celui-ci : il ne faut pas que les candidatures soient posées par les candidats. Il faudrait que les communes, après avoir nommé en *connaissance de cause* leurs conseillers municipaux, s'en rapportent à ces conseillers pour le choix d'un candidat appelé à aller plus haut. Certains de ces conseillers peuvent être à même de connaître les candidats qu'ils proposeraient. Alors, les élections auraient quelques chances d'exprimer le vœu des populations.

Il n'y a pas d'arrondissement assez pauvre pour ne pas avoir un homme capable de faire un bon député ; mais il y a beaucoup de gens qui accepteraient la tâche par devoir et qui ne la solliciteraient pas.

Qu'on me permette de raconter ici une anecdote dont j'ai été témoin.

Il y a quelques années, un des arrondissements de Caen avait pour député M. le marquis de Cornulier, choisi par les électeurs. A la fin de son mandat, il fit valoir son âge et le commencement de la maladie, qui l'emporta quelques années après, pour céder la place à un autre. Les électeurs le supplièrent d'accepter un dernier mandat ; il se soumit, fut nommé avec une grande majorité. A quelque temps de là, un visiteur de passage, député radical du Doubs, s'arrêtait à la grille du château de M. de Cornulier et, le voyant sortir, lui demanda la permission de visiter le parc, ce qui lui fut très aimablement accordé.

J'eus alors la stupéfaction d'entendre ce député de la gauche dire à son collègue de la droite : « Mon cher collègue, comment peut-on se condamner à aller dans ce milieu honteux qui s'appelle la Chambre, quand on pourrait vivre tranquille dans une belle propriété comme la vôtre ? — Mais c'est par devoir, mon cher collègue », répondit le marquis.

Cette anecdote est l'histoire de la majorité et de la minorité de la Chambre actuelle. Ce député de la gauche, M. Ordinaire, était au fond honnête et partisan de la droite. Si la politique n'avait pas été son gagne-pain, il n'aurait pas figuré dans ce *milieu honteux*.

Il y a dans cette histoire simple une grande indication pour les populations rurales. Le remède à nos maux dépend du choix de nos représentants. Le marquis de Cornulier ne promettait rien, mais par toute sa vie il montrait qu'il était homme de devoir ; il savait défendre les intérêts de la contrée et le faisait d'autant mieux qu'il n'avait qu'à suivre les événements et n'était pas préoccupé par la pensée de se faire valoir en cherchant à tenir des engagements superflus, pris en vue d'obtenir des voix.

Il n'en est pas de même des politiciens bruyants qui promettent des réformes : ou ce sont des farceurs qui oublient leurs engagements, ou ce sont des turbulents qui arrêtent à chaque instant les travaux utiles pour que leurs électeurs voient leurs noms dans le journal. Quoi de plus pitoyable, en effet, que les séances de la Chambre

7

des députés et même du Sénat ? Quoi de plus décousu, de plus troublé ? Je demande aux électeurs consciencieux, quand ils veulent étudier quelque chose qui concerne leurs affaires, vont-ils se mettre dans les bagarres ? Quand on veut conclure un marché sérieux, le fait-on au milieu des spectateurs ? Non, on prend la partie adverse à part et on cherche à causer tranquillement.

Eh bien, pour traiter les affaires de l'Etat, il faut choisir des gens qui ne promettent que de faire leur devoir, dont la vie respectable soit connue et garantisse qu'ils feront pour le mieux.

Ne rien promettre, est-ce prendre comme programme ni réaction, ni révolution ? Non, car si la révolution est toujours une mauvaise chose, vu que les choses faites avec précipitation sont mal faites, il n'en est pas de même de la réaction. La nature humaine étant sujette à déchoir, la réaction est un devoir qui s'impose pour l'honnête homme.

La réaction doit être d'autant plus forte que le mal est plus grand, et elle doit agir avec d'autant plus de méthode et de sagesse que sa tâche est plus difficile. Le mieux est de suivre les conseils religieux. Dans la prière du matin, avant de demander à Dieu la grâce de faire le bien, nous demandons celle d'éviter le mal. Dans l'état où nous sommes, il faut d'abord nous arrêter sur la pente du mal. Et pour cela, les premiers qui doivent agir, ce sont les électeurs. Ils doivent donner leurs voix à des gens connus pour honnêtes, qui ne leur promettent pas des chimères, qui auront des intérêts communs avec eux, qui ne confondront pas la politique telle que je l'ai définie avec une forme particulière de gouvernement.

La forme du gouvernement ne peut pas toucher l'électeur. Elle regarde le mandataire de l'électeur. C'est lui qui peut juger sous quelle constitution il peut le mieux servir les intérêts de ses commettants. Une grande partie de nos maux actuels vient de ce que les électeurs sont préoccupés de voter avant tout pour un partisan de telle ou telle forme de gouvernement. On a vu la quantité de nuances républicaines issue de cette erreur. Il y a forcément lutte entre ces nuances, et pendant que leurs partisans se livrent bataille, les affaires de l'Etat restent en souffrance. Leur souffrance est même agravée quand, négligeant des affaires de l'Etat, le gouvernement en arrive à s'occuper des affaires particulières, comme celles des congrégations.

Avant tout, un mandataire du peuple doit être étranger aux sociétés secrètes et principalement à la Franc-Maçonnerie. Sa vie doit être toute entière au grand jour ; l'électeur doit pouvoir la juger, et l'élu ne doit pas être lié par des engagements antérieurs qui soient étrangers et opposés aux intérêts des électeurs.

Les fiches de délations dont j'ai déjà parlé ont prouvé d'une manière irréfutable que la Franc-Maçonnerie n'admettait comme républicains que ceux qui attaquaient la religion catholique.

Or, nous avons vu que la religion n'a rien de commun avec la politique. Qu'elle peut être un guide pour tous les hommes et tous les gouvernements, dès lors que les hommes et les gouvernements veulent le bien de la société. Car on l'a vu, toute la loi religieuse peut être appliquée au grand jour, contrairement à la loi maçonnique qui n'est portée à la connaissance des adeptes qu'après serment de leur part de ne pas révéler ce qui va être entendu. La Franc-Maçonnerie a donc mis la politique à son service au lieu de se mettre au service de la politique.

CONCLUSION

La politique ne peut pas être du domaine du peuple.

Le peuple doit donc choisir ses mandataires parmi des gens qui vivent au milieu de lui, dont il peut bien connaître la vie et l'honorabilité.

Les mandataires ne doivent pas confondre la politique avec la forme de gouvernement appelé à faire de la politique. Ils ne doivent pas promettre des réformes irréalisables et dont la seule présentation peut retarder l'étude de questions de première importance. Ils doivent avant tout réagir contre tout ce qui est contraire aux intérêts de leur région et s'efforcer ensuite d'obtenir ce qui peut être avantageux pour leurs commettants.

Ils doivent aider le gouvernement à servir le peuple et lui faire de l'opposition quand il s'écarte de son devoir. Ils doivent être toujours entre le marteau et l'enclume.

Les électeurs ne doivent pas perdre de vue que ce sont eux qui fournissent aux gouvernants les fonds où ceux-ci puisent pour accorder des faveurs, que tout argent employé par eux pour corrompre des votes est autant qui ne sert pas au bien général.

Un représentant du peuple qui remplit bien son mandat doit donc être craint des gouvernants, qui doivent être surveillés par lui et non pas adulés. Le meilleur moyen pour le peuple d'avoir ce dont il a besoin, c'est de se faire craindre du gouvernement en confiant des mandats à des gens susceptibles de se faire craindre eux-mêmes, au lieu d'être les vils esclaves du ministère.

CHAPITRE IX

ARISTOCRATIE & DÉMOCRATIE

Quoique ces deux mots soient généralement compris dans le sens de leur étymologie, on ne se rend peut-être pas toujours bien compte de ce qu'ils expriment.

Dans l'esprit public, aristocratie s'applique seulement à l'ancienne noblesse de nom : c'est une grande erreur. L'aristocratie c'est tout ce qui est à la tête. Le jour où un homme du peuple sort de sa situation par son intelligence, son travail, sa conduite, il appartient à l'aristocratie. Il y a différentes aristocraties. Il y a l'aristocratie de l'industrie, l'aristocratie du commerce, l'aristocratie de la finance, l'aristocratie militaire, l'aristocratie administrative, l'aristocratie judiciaire, l'aristocratie religieuse, l'aristocratie foncière, etc.

Lorsqu'un homme du peuple a vraiment l'étoffe nécessaire pour se ranger dans l'aristocratie, il y arrive. A notre époque, notre région a vu, par exemple, M. Poulain prendre une belle place dans l'aristocratie industrielle. Les journaux de Blois nous ont donné le détail des fêtes qui ont eu lieu dans son usine l'an dernier, et à cette occasion ont porté sa belle vie à la connaissance du public.

Avant lui, Paris nous avait montré Boucicaut à la tête de l'aristocratie commerciale, et avant nous, Louis XIV avait porté Colbert à la tête de l'aristocratie administrative.

Chaque branche a son aristocratie et dans chacune nous voyons arriver des hommes du peuple, mais là où les hommes du peuple arrivent en plus grand nombre, c'est incontestablement dans l'aristocratie religieuse. Aussi, a-t-on lieu d'être surpris quand on voit le peuple indifférent et même hostile à la religion.

Cela vient probablement de l'apparition de la démocratie.

La démocratie, c'est-à-dire le *peuple revêtu du pouvoir*, est une absurdité. Le peuple, c'est la masse, c'est tout ce qui a besoin d'être gouverné : donc, le peuple ne peut pas gouverner. De même que dans une ferme le personnel ne peut pas commander, ce qui n'empêche pas que de ce personnel peuvent sortir des fermiers capables de commander. Ils cessent alors de faire partie du peuple des fermes pour appartenir à l'aristocratie fermière.

Tant qu'il n'y a eu dans l'aristocratie gouvernementale que des hommes capables d'exercer le pouvoir, l'ordre a été maintenu. Les nouveaux détenteurs du pouvoir se sont même toujours rendu compte de l'erreur dans laquelle ils étaient souvent en faisant de l'opposition : les affaires suivaient leur cours normal ; aujourd'hui, il n'en est plus de même. Tout le monde est inquiet, le gouvernement lui-même se dit menacé ; à chaque élection, on dit la République en danger.

Pourquoi ?

Parce que les gens au pouvoir n'appartiennent pas à l'aristocratie. Ils ne sont pas à hauteur de leurs fonctions. L'élite des intelligences suit des carrières régulières et ne s'expose pas aux caprices du suffrage universel.

Les avocats, les médecins, les avoués, etc., sérieux, ne sacrifient pas leur clientèle pour l'ennui de figurer pendant quatre ans à la Chambre des députés.

Le peuple peut et même doit être fier quand un homme s'élève d'un bond de ses rangs à la direction des affaires. Mais il devrait en revanche être honteux de ses élus, quand ceux-ci donnent au monde les scandales que nous voyons depuis trente ans. Il a aujourd'hui la preuve irrécusable que les choix ont été en grande partie mauvais pendant ce laps de temps, et que par conséquent c'est une erreur de rechercher ses maîtres dans le peuple.

Le peuple, par son essence, ne peut pas fournir des hommes d'Etat. Ce n'est que tout à fait exceptionnellement qu'un homme du peuple, doué par la Providence de qualités supérieures, vient prendre directement rang dans l'aristocratie pour la renouveler.

Comme je le dis en commençant, l'aristocratie n'est pas comme on le croit vulgairement, uniquement composée de gens portant un titre héréditaire ou une particule. Elle comprend tous ceux qui ont fait preuve de supériorité et qui transmettent à leurs descendants leurs droits et leurs qualités. Comme en ce monde tout tend à dégénérer, la Providence fait ce que je viens de signaler.

Ce n'est pas au peuple à découvrir de nouveaux aristocrates. Il n'a pas les aptitudes nécessaires pour les juger. C'est à eux à se montrer ; quand ils sont véritablement dignes de sortir de leurs conditions premières, ils en sortent, s'imposent et sont acceptés par l'aristocratie déjà établie. S'il veut être bien gouverné, c'est-à-dire bien servi, le peuple doit chercher ses maîtres dans l'aristocratie. C'est là qu'il a des chances de trouver des hommes à idées élevées, au-dessus des questions d'intérêt personnel. En les cherchant dans ses rangs, il est toujours exposé à confier les mandats à des gens qui sont obligés de regarder avant tout à leurs propres affaires, incapables par ce fait de voir les grandes choses qu'un homme public est obligé d'embrasser.

C'est pour cette raison que les hommes du peuple

honnêtes n'acceptent pas de mandats publics et que nous avons aujourd'hui des gouvernants qui sont une honte non seulement pour la France, mais pour l'humanité. Les peuples voisins nous en donnent la preuve par l'accueil qu'ils font à nos religieux expulsés, et par le respect qu'ils ont pour le pape.

Je le répète, l'aristocratie est aujourd'hui très nombreuse. Elle s'est développée en suivant les besoins de la civilisation et les transformations de la société.

Au début, les peuples avaient besoin de chefs qui les protègent. Ils ont eu l'aristocratie d'épée, qui a été en même temps l'aristocratie foncière. Elle faisait tout. Plus tard, les différends augmentant avec les populations et leurs occupations, l'aristocratie de robe, la magistrature, s'est jointe à l'aristocratie d'épée et foncière. Lorsque la civilisation s'est développée, les affaires ont amené des mouvements de fonds qui ont fait naître l'aristocratie financière. Après laquelle l'aristocratie industrielle et l'aristocratie commerciale sont apparues avec les progrès de la science. En même temps l'aristocratie administrative prenait une importance de plus en plus grande. Au dessus de toutes, il y a toujours eu l'aristocratie religieuse ; parce qu'au-dessus des intérêts matériels, il y a les intérêts spirituels, c'est-à-dire la direction de la partie immatérielle et immortelle de l'homme, grâce à laquelle il utilise ses forces plus ou moins bien, selon que cette partie immatérielle est plus ou moins bien éclairée.

C'est dans ces différentes aristocraties que le peuple doit chercher des mandataires et non parmi les intrigants qui ne songent qu'à s'élever pour jouir aux dépens du peuple, resté peuple et qui sera toujours peuple, c'est-à-dire la partie dirigée de la société, quels que soient la forme et les agents du gouvernement.

Le peuple a généralement pour lui le bon sens. Il est logique, c'est-à-dire que ses actes sont la conséquence naturelle d'autres actes. Aussi, a-t-on le droit d'être justement surpris quand on le voit écouter les apôtres de la démocratie, c'est-à-dire de l'autorité du peuple.

Depuis qu'on lui parle de démocratie, a-t-il pu ne pas se soumettre à une loi ?

Non.

A-t-il pu ne pas demander conseil à un homme de loi pour ses affaires ?

Non.

A-t-il pu avoir moins de besoins et de désirs ?

Non.

Quelle que soit la question qu'on posera, on verra que la masse de la population est toujours dans les mêmes conditions vis-à-vis du gouvernement quel qu'il soit. La seule différence qu'il y ait entre nous aujourd'hui et nous hier, c'est que la direction des affaires publiques est confiée à des hommes du peuple qui auraient dû rester dans le peuple, tandis qu'autrefois elle était entre les mains de gens dont c'était la profession. Aussi, sommes-nous dominés sous tous les rapports par les peuples voisins, qui ont su conserver leur aristocratie à la tête des affaires. La preuve, c'est l'histoire de Fachoda, c'est le socialiste allemand Bebel disant au socialiste français Jaurès « que l'Allemagne est le pays le mieux gouverné, quoi qu'ayant le régime monarchique », c'est ce même socialiste disant au Parlement allemand « que l'Allemagne a le bonheur de posséder une véritable armée et n'a rien à craindre de la France, dont l'armée n'est complète que sur le papier. »

Les socialistes qui abusent de l'ignorance forcée où se trouve le peuple, par suite de ses occupations laborieuses,.

pour lui faire craindre le retour des privilèges de l'ancienne aristocratie et pour lui faire espérer l'avènement de la démocratie, sont bien coupables.

L'ancienne aristocratie est obligée chez nous et partout de s'incliner devant les exigences modernes de la civilisation. Pour prendre place dans l'une quelconque des aristocraties : religieuse, militaire, judiciaire, financière, administrative, industrielle, commerciale, il lui faut faire preuve de capacité.

En revanche, la démocratie ne pourra jamais mettre au pouvoir que des incapacités dangereuses. Arrivées au pouvoir par des moyens inavouables, ces incapacités ont si bien conscience de leur faiblesse que leur soin capital est de supprimer les points de comparaison en arrêtant ceux qui devraient être à leur place. Comment les arrêtent-ils ? Par des moyens honteux, qu'ils tiennent cachés et dont ils ne peuvent pas s'empêcher de rougir malgré leur scepticisme, comme nous venons de le voir lors de la révélation des fiches de délation.

Cette idée de l'avènement de la démocratie est la cause des grèves, de l'indiscipline des domestiques et des enfants. Là, on retrouve la logique du peuple. Mais, hélas ! on ne retrouve pas son bon sens. Il n'est pas besoin, cependant, d'être grand clerc pour se rendre compte que, quoique fasse le peuple, il faut toujours qu'il en arrive à déléguer quelqu'un. De ce fait, il crée *un aristocrate*, mais presque toujours un aristocrate indigne, qui n'a pas su sortir de lui-même du peuple. De là, ces émotions perpétuelles qui troublent le travail des gens du peuple et par conséquent leur nuisent (1).

La société serait bien moins troublée et le peuple bien plus heureux, s'il ne s'alarmait pas des fantômes aristo-

(1) Nous verrons prochainement, grâce à un livre d'un ancien ministre démocrate, ce que la France a perdu.

cratiques que des filous agitent devant lui. Que le peuple regarde bien. Il ne verra ni dans l'armée, ni dans la magistrature, ni dans les finances, ni dans l'administration, un poste où on puisse parvenir sans avoir subi des examens publics. Echappent seulement à cette règle, les élus du peuple. Aussi, voyons-nous des choses invraisemblables. Des lois militaires votées uniquement par des civils, des lois religieuses votées par des libres-penseurs, etc.

Si le peuple était dans son bon sens, il choisirait les mandataires dans toutes les branches de l'aristocratie :

1° Dans le clergé, en votant pour les candidats désignés par leurs supérieurs. Car, ce sont surtout ceux qui savent obéir qui sont capables de faire des lois auxquelles on puisse obéir facilement ;

2° Dans les propriétaires fonciers, dont les intérêts sont intimement liés à ceux du peuple ;

3° Dans les militaires se présentant avec autorisation du ministre, pour la même raison que les religieux ;

4° Dans les magistrats remplissant les mêmes conditions ;

5° Parmi les grands industriels, les grands commerçants, les grands financiers, ayant une vie connue et ayant fait preuve de capacités supérieures ;

6° Parmi les administrateurs de grandes compagnies.

Car, on ne saurait trop le répéter : pour éclairer le gouvernement, pour *résister aux abus du pouvoir*, pour imposer ce qui touche aux intérêts d'un grand peuple, il faut non seulement connaître les désirs et les besoins de ce peuple, mais il faut voir aussi les choses en grand et les conséquences éloignées. Il faut en outre que toutes ses forces vives soient représentées. Les représentants du peuple choisis dans ses rangs ne peuvent pas remplir ces dernières conditions par suite de leur vie enfermée forcément dans un cercle étroit. On ne devient pas instantanément homme d'Etat. L'homme subit au moral les mêmes épreuves qu'au physique. Quand on sort de l'obscurité et qu'on se trouve tout à coup au grand soleil, on est ébloui, on est quelque temps sans rien voir. Il en est de même quand on passe d'un petit théâtre d'occupations sur un grand, on est quelque temps sans savoir où donner de la tête.

On voit constamment dans les campagnes de bons ouvriers, de bons fermiers dans de petites fermes, qui sombrent quand ils entreprennent plus grand. Il en est de même pour les affaires de l'Etat. Nos représentants actuels de la démocratie sont perdus dans le monde politique. Ils ne savent pas où donner de la tête. C'est pourquoi ils s'égarent pour créer des nuances républicaines innombrables et faire des lois, non seulement trouvées inutiles au bien public par tous les gouvernements précédents, mais destructives des lois considérées par eux comme bienfaitrices.

Telles les lois sur l'enseignement et sur les associations, qui renversent aujourd'hui celles que *les républiques* précédentes avaient faites guidées par l'esprit libéral.

Par suite de ce que la démocratie ne voit bien nettement que ce qui touche chacun, nous sommes arrivés à transformer la politique en une guerre de petits partis qui prime tout. La guerre de parti existe certainement avec l'aristocratie, mais elle existe sur le terrain politique, qui n'est pas entièrement sacrifié ; tandis qu'avec la démocratie, elle n'a pour objet que des intérêts particuliers, qui se font qualifier politiques en supplantant les vraies affaires politiques que la démocratie ignore.

Telle est la cause des troubles de notre époque, qui sont suscités par notre législation.

RÉSUMÉ

L'aristocratie à particules et titrée n'est plus qu'un souvenir. La vraie aristocratie, c'est celle des grandes positions acquises par le travail, développées par les successions et toujours soutenues par le travail.

C'est elle qui doit avoir la direction des affaires politiques.

La démocratie, c'est-à-dire le peuple dépositaire du pouvoir, est une absurdité. La masse ne peut pas commander : 1° parce que si tout le monde commande, il ne reste personne pour obéir, et alors il n'y a pas lieu de commander ; 2° si la masse délègue quelqu'un pour commander, ce quelqu'un devient par ce fait un aristocrate. La royauté n'a pas eu d'autre origine. C'est la voix du peuple qui a élevé le premier aristocrate français sur le pavois.

Donc, le peuple ne peut pas échapper à l'aristocratie. Donc, la démocratie ne peut pas exister, puisque par son premier acte inévitable, elle se détruit elle-même.

Un peuple qui comprend bien ses intérêts, doit s'attacher à l'aristocratie et obliger celle-ci à se maintenir à hauteur de ses obligations. Le moyen de l'obliger à cela, c'est de voter pour les plus respectables et les plus capables, afin que ce soit un honneur d'être l'élu du peuple, tandis qu'aujourd'hui c'est un véritable déshonneur, comme l'a si bien avoué M. Ordinaire dans l'anecdote que j'ai racontée au sujet de la politique.

CHAPITRE X

—

LES PRIVILÉGIÉS

Selon les socialistes, nous marchons vers une ère de prospérité depuis que les privilégiés ont été supprimés au nom de l'égalité. Les formules et les témoignages de respect ont été abolis, c'est vrai ; tout le monde traite d'égal à égal, mais il n'y a là qu'un trompe-l'œil. Les privilégiés sont de plus en plus nombreux, et ils sont une charge d'autant plus lourde pour le peuple, surtout pour le peuple des campagnes, qu'ils se présentent à lui sous les apparences trompeuses de travailleurs.

Je répète qu'il ne faut pas comparer le peuple d'aujourd'hui et celui des siècles précédents, sans comparer toute la société. Il faut comparer les rapports entre le peuple et les privilégiés de chaque époque.

Autrefois, les privilégiés avaient leur vie au grand jour. Cette vie faisait vivre ceux qui les entouraient. C'étaient les propriétaires fonciers, les industriels, les commerçants, etc., qui couraient des risques et qu'on savait où trouver. Les socialistes ont excité contre eux la classe ouvrière, qui gagnait sa vie grâce à eux. Aujourd'hui, ceux-ci sont accablés de charges qui les empêchent de faire pour l'ouvrier ce qu'ils voudraient.

Ces charges naissent surtout de la législation nouvelle, inspirée par les idées socialistes. Les socialistes ont saisi le grand mouvement industriel et commercial moderne au passage, et ils ont profité de son apparition pour faire croire qu'ils apportaient au monde trois éléments nouveaux de bonheur, la liberté, l'égalité, la fraternité, quand en réalité ces trois choses dataient du commencement de l'ère chrétienne. C'est en effet le catholicisme qui les a proclamées le premier, et qui a donné en même temps les conditions dans lesquelles l'homme peut et doit en jouir. Le socialisme arrivant en plagiaire ne pouvait donner que de la fausse monnaie.

Son œuvre se résume en effet à avoir remplacé les anciens privilégiés, que tout le monde voyait et à qui tout le monde pouvait s'adresser, par des nouveaux, invisibles pour ceux qui ne savent pas voir, et qui ne rendent rien, parce qu'on ne sait par où les prendre, à cause de leur dispersion et souvent de leur impersonnalité.

A la tête, sont les financiers contre lesquels les socialistes ne s'élèvent pas. Il est vrai que les secrets des coffres-forts, juifs pour la plupart, sont impénétrables, on ne peut pas les montrer au peuple comme on montre une propriété, une usine ou une maison de commerce. Et puis, les coffres-forts sont les réservoirs dans lesquels on ramasse l'argent du peuple destiné aux privilégiés.

Au deuxième degré, on trouve les orateurs et les législateurs, qui se font largement payer leurs peines. Ils faussent le jugement du peuple comme orateurs, afin de pouvoir agir ensuite comme législateurs. C'est à ce titre qu'ils imposent des modes d'épargne, des assurances, des mutualités, etc., qui enlèvent à l'ouvrier la libre disposition du fruit de son travail, en même temps que les institutions nouvelles exigent des agents qui ne travaillent pas pour rien et prélèvent une grosse part de ce que l'ouvrier croit avoir mis de côté.

Les privilégiés du troisième ordre sont tous ces agents et fonctionnaires pour lesquels on a créé des postes. Si les postes ne sont pas tous rémunérés très largement, ils le sont assez pour permettre à ceux qui en jouissent de vivre sans peines ni soucis, et leur nombre est aujourd'hui une charge énorme, soit pour le budget de l'Etat, c'est-à-dire pour tous les contribuables, soit pour l'épargne des travailleurs, quand ce sont des caisses particulières.

Il y a enfin une quatrième catégorie de privilégiés, ce sont les agents de la réclame. Ce que coûtent les intermédiaires est incalculable.

Qui fait les frais ?

Le véritable travailleur et principalement le travailleur de la campagne, parce qu'il ne peut pas limiter son travail comme le commis qui ferme le magasin ou le scribe qui quitte son bureau à heure fixe. Le campagnard a ses heures de travail fixées par des événements qui ne dépendent pas de sa volonté la plupart du temps.

C'est là ce qui explique l'émigration des campagnes vers les villes : 1° postes très lucratifs pour les gros privilégiés qui ne font rien, si ce n'est calculer la manière de faire entrer dans leurs caisses l'épargne des travailleurs et qui se font les protecteurs des idées socialistes ; 2° postes lucratifs pour les orateurs et législateurs ; 3° postes moins lucratifs mais nombreux, qui sont occupés par des gens de moindre envergure. Ces agents, payés très cher pour le travail qu'ils font, sont les soutiens des richards socialistes. Ce sont eux qui disent au peuple travailleur : « Voyez ce que je gagne et ce que je fais, « comparez avec vous ; ma situation est bien préférable; « soyez socialistes et vous obtiendrez une vie aussi « agréable que la mienne. Si vous ne l'avez pas déjà, « c'est parce que les idées socialistes n'ont pas encore « complètement triomphé de l'infâme capital... » Et le travailleur, bon enfant, qui n'a pas le temps d'aller voir ce qui se passe, apporte son épargne pour alimenter l'infâme capital du socialiste millionnaire et la rente du petit employé inutile et fainéant.

Car, si on regarde bien le résultat final des œuvres philanthropiques et d'utilité publique, elles aboutissent toutes à créer des postes à de petits employés et des caisses dont la plus grande partie des fonds va à l'Etat, une autre aux frais d'administration, tandis que la moindre reste au dépositaire.

De tous ces gros privilégiés, le plus gros, c'est l'Etat. C'est chez lui que pêchent les autres, soit à la caisse des fonds secrets, soit comme adjudicataires de marchés, soit sous forme de subvention, soit en étant informé des nouvelles politiques, de manière à spéculer heureusement à la bourse, etc. Ceux-là ont tout intérêt à vouloir le socialisme d'Etat, et le peuple, se figurant que l'Etat c'est lui parce qu'il est en République, se prête tant qu'on le veut à verser son épargne dans ces caisses.

La quatrième catégorie de privilégiés ne dépend pas des idées socialistes. Elle a sa cause dans la facilité des communications et dans la vulgarisation de tout ce qui ressemble au luxe, dans ce que j'appellerai le luxe à bas prix.

La croyance à l'égalité fait que tout le monde veut être habillé de même, manger de même, se distraire de même, etc. Cela entraîne le peuple dans des dépenses en apparence minimes, car chaque objet a peu de valeur, mais ruineuses, car chaque objet étant de mauvaise qualité est renouvelé souvent.

Enfin, la paresse est la principale cause du développement de cette catégorie de privilégiés. Le public trouve commode de n'avoir pas à chercher pour avoir ce qui lui fait plaisir et paie sans hésiter l'illustre ou l'obscur

Gaudissart qui lui évite les démarches. Donc, le peuple est plus mécontent qu'autrefois, malgré une augmentation très considérable de richesse en France, parce qu'au point de vue matériel, il est plus grugé qu'il ne l'a jamais été, relativement aux ressources et aux besoins des époques qu'il plaira de comparer.

A côté des causes matérielles, il y a les causes morales. Grâce à cette apparence d'égalité, le peuple a cru qu'il n'avait plus besoin des anciens privilégiés. Non seulement il ne leur demande plus leur protection, mais encore il les considère comme ses ennemis. C'est à eux qu'il demande compte de ce que lui enlèvent les privilégiés nouveaux modèles ; et comme ces réclamations sont souverainement injustes, il y a lutte et lutte déplorable.

Le remède est dans l'union des spoliés modernes. Pour y arriver, il est indispensable que les anciens privilégiés se mettent carrément au travail, afin d'offrir autant que possible à ceux qui dépendent d'eux les moyens d'échapper aux privilégiés occultes.

La conséquence naturelle de cette substitution des nouveaux privilégiés aux anciens a été de priver tout le peuple des secours que la charité chrétienne mettait gratuitement à sa disposition et qui ont été remplacés par les œuvres philanthropiques. De là sont nées deux nouvelles sortes de privilégiés, qui s'abattent sur le peuple sous le couvert du principe de la Fraternité. Je veux dire : 1° tous les mauvais ouvriers ; 2° tous les gens sans aveu, traîniers, apaches, etc.

En effet, si nous considérons d'abord les mauvais ouvriers, ceux que la débauche éloigne du travail et mène à l'hôpital, nous voyons que c'est à eux que profitent le plus les sociétés philanthropiques, les mutualités de toutes sortes, par lesquelles on a essayé de combler le vide laissé par la disparition des anciens privilégiés, tandis que les bons ouvriers, laborieux, sobres et économes, ne leur font presque jamais appel.

La mutualité est une chose parfaite en théorie ; mais pour être justement pratiquée, il faudrait qu'elle n'existe qu'entre gens, qui, non seulement versent la même cotisation, mais apportent en outre le même soin à tout ce qu'ils font, afin de ne faire appel au bien commun que lorsqu'il n'y a vraiment pas de leur faute dans les cas de maladies ou d'accident. Ainsi, il n'est pas juste qu'un ouvrier arrêté dans son travail parce que l'ivresse a été la première cause de son mal, soit indemnisé comme celui qui, sain de corps et d'esprit, tombe d'un échafaudage qui s'écroule.

Dans la pratique, les mutualités et les assurances forcées sont des institutions grâce auxquelles le mauvais ouvrier se fait soigner par le bon et par le patron, et ne leur rend jamais l'équivalent, parce que sa cotisation est toujours mangée et au-delà par les secours qu'il a reçus.

Avant l'apparition des doctrines socialistes, l'union existait dans les corporations. Elle existait entre ouvriers et patrons et entre ouvriers ; le travail et la conduite de chacun étaient surveillés par tous ; ce régime a duré des siècles sans que le peuple soit troublé, parce qu'il assurait le bien-être de l'ouvrier. Le socialisme a introduit la guerre entre l'ouvrier et le patron. Il a fallu remplacer le patron protecteur par quelqu'autre : le socialisme a trouvé l'État et le bon ouvrier. L'État a exercé son action en faisant des lois et le bon ouvrier, naïf, croyant qu'on lui voulait du bien, a mis son épargne au service du mauvais.

L'épargne absorbée par la communauté, soit sous forme de mutualité, soit sous forme d'assurance, est autant de moins qui sera laissé aux enfants par le bon ouvrier qui sait épargner. Ce qui le prouve, ce sont les bénéfices que font les sociétés protectrices et la quantité d'agents qui vivent de ces sociétés.

Ces institutions modernes tuent l'esprit de famille, étouffent la Fraternité que le socialisme prétend avoir apportée au monde. Car, non seulement elles absorbent des biens qui devraient revenir à la famille, mais elles habituent les enfants à chercher un autre soutien que leurs parents et ceux-ci à se croire dispensés de s'occuper de l'avenir des enfants. C'est à chacun de pourvoir à ses besoins, grâce aux institutions modernes philanthropiques.

Hélas ! ces institutions, suffisantes pour l'homme valide, ne le sont plus quand il a besoin de ces soins que seuls savent donner l'amour filial, l'amour paternel, ou à leur défaut la charité chrétienne. La société de secours mutuels donne du pain et des médicaments, mais elle ne les fait pas prendre à celui qui en a besoin. Il faut en outre quelqu'un qui donne des soins, et ce quelqu'un n'existe que si la famille est restée intacte.

L'esprit de famille, le véritable esprit d'union, n'existe plus. Chacun entre en égoïste dans les syndicats, les coopératives, les mutualités de toutes sortes, dans lesquelles tout le monde est uni de nom et personne de cœur. Voilà ce dont souffre la société en général et les campagnes en particulier, car les campagnes qui sont productives sont exposées plus que tout à l'imprévu, ne peuvent pas régler le doit et avoir de chacun, comme cela peut se faire dans les villes.

Celles-ci sont en réalité des natures mortes qui transforment et exploitent les produits qui ont pris vie et se sont développés à la campagne.

Le mauvais ouvrier est donc un privilégié qui vit

uniquement aux dépens de son camarade, et c'est un privilégié dont il n'y a rien à retirer.

A l'instar du mauvais ouvrier, il y a le traînier, qui prélève sur le peuple un lourd impôt. Celui-ci ne donne pas sa cotisation comme son camarade le privilégié précédent, mais en revanche, il ne demande pas tout à l'ouvrier, il s'attaque aussi au riche. Si le fermier le loge, lui donne des légumes et lui trempe la soupe, il a récolté chez le propriétaire des sous ou du pain, quelquefois les deux ; il lui prend du bois pour se chauffer au cours de son voyage. En somme, il est peut-être moins nuisible au peuple que le mauvais ouvrier, qui lui prend tout et autorise les patrons à se mettre toujours en garde contre les ouvriers en général.

Cependant, le traînier fait tort de deux manières aux campagnes : 1° il les prive de bras qui seraient utiles ; 2° il vit à leur compte et ne rend jamais rien. Il profite malgré cela de l'égalité nouvelle, bien qu'il l'ait violée, par sa manière de vivre, car si tout le monde était traînier, où trouverait-on de quoi vivre ? Je dis qu'il profite du principe de l'égalité. En effet, lorsqu'il a affaire avec la gendarmerie, il est traité avec les mêmes égards qu'un honnête homme. « Mon pauvre ami, je vous « plains, disait un jour un traînier à un gendarme, vous « faites un sale métier. Je gagne autant que vous et je me « donne moins de mal. » Et le gendarme n'a même pas pu riposter à l'insolent par un coup de plat de sabre sur le dos, quand il aurait dû avoir le droit de lui passer la lame au travers du corps.

Voilà ce qu'on appelle le progrès à la fin du xixe siècle et au commencement du xxe ! Voilà le résultat du triomphe des idées socialistes qui sont venues si naturellement à la suite des idées républicaines, que les socialistes prétendent qu'ils sont seuls bons républicains.

Il faut espérer que les honnêtes gens qui sont encore la majorité en France, rougiront bientôt d'approuver les idées nouvelles en compagnie de la lie du peuple. Car s'il y a des gens d'apparence propre qui admettent le socialisme, il faut reconnaître que toute la crapule y applaudit. Si elle y applaudit, c'est qu'elle y trouve son intérêt. Or, l'intérêt des gens malhonnêtes est toujours en opposition avec celui des gens honnêtes. Les mauvais ne pouvant vivre que du travail des bons et en ne donnant rien en retour. Souhaitons donc un retour rapide aux vrais principes d'union qui lient ensemble l'ouvrier et le patron. Ne craignons plus les privilégiés qu'on voit, auxquels on peut demander et qui reconnaissent que c'est un devoir de donner ; ayons de moins en moins confiance dans l'Etat, qui multiplie les privilégiés modernes qui ne savent que prendre et ne rendent jamais.

Le privilégié le plus dangereux est certainement l'Etat ; sous prétexte que l'Etat c'est tout le monde, on lui fait donner par le peuple des sommes colossales dont il ne rend pas compte et dont jouissent les premiers privilégiés que nous avons examinés. Il ne faut pas croire que l'Etat c'est le peuple parce que nous sommes en République. Comme je l'ai déjà dit, en dehors de l'heure où il dépose son bulletin dans l'urne, le peuple n'est jamais l'Etat. Et même à cette heure-là il ne l'est pas, car il subit l'influence des agents électoraux. L'électeur qui dépose librement son bulletin de vote est bien rare. Ce qui le prouve, ce sont les dépenses faites par les candidats. On ne dépenserait pas tant d'argent, on ne ferait pas tant de démarches lors des élections, si l'on ne savait pas qu'on peut influencer les votes.

La liberté est donc violée par les socialistes, aussi bien dans les actes de souveraineté du peuple que nous l'avons vu violée en ce qui concerne la liberté d'enseignement, la liberté d'association, etc.

Le socialisme n'a donc pas apporté au monde la Liberté, l'Egalité et la Fraternité. Il n'a pas supprimé non plus les privilégiés. Nos héritiers seront stupéfaits en lisant notre histoire, de voir à quel point le peuple français a été dupé. Car, les socialistes ne peuvent pas plus se cacher que les criminels ordinaires ; quelques-uns s'échappent, mais il reste toujours des trous qui permettront tôt ou tard de découvrir la vérité. C'est ainsi que des notes de restaurateurs ont fait connaître la manière dont vivaient trois membres du gouvernement de la Commune en 1871 ; trois socialistes bonne marque, qui voulaient la mort des privilégiés. Ils ont dépensé au compte de l'Etat, en moyenne 228 francs par jour pour eux trois, soit 76 francs par tête. Il est vrai que tout le bourgogne de la cave du restaurant y a passé. L'estomac seul coûtait cela, que devait coûter le reste ? Car il est probable que la table n'était pas le seul plaisir de ces ennemis des privilégiés.

D'après cela, on peut se demander ce qu'on découvrira sur le compte des socialistes millionnaires d'aujourd'hui, les Berteaux, Millerand, Jaurès et Cie, qui jouissent de leurs privilèges plus tranquillement que pouvaient le faire les communards.

On ne saurait trop le redire, les vrais ennemis du peuple, ce sont les privilégiés qu'il ne voit pas ; son intérêt est de s'unir à ceux qu'il voit et qui ont des intérêts communs avec lui. Tout flatteur vit aux dépens de celui qui l'écoute. Le peuple doit se méfier du socialisme, qui lui affirme que la République c'est le gouvernement du peuple par le peuple.

Le gouvernement du peuple par le peuple n'a jamais existé et ne pourra jamais exister. Il y a toujours des délégués qui ont le pouvoir, et plus ces délégués sont nombreux, moins le peuple est le maître. La raison en est bien simple. De même qu'une vache est plus facile à garder et à surveiller qu'un troupeau de vingt têtes, de même un gouvernement est plus facile à influencer quand il est représenté par une tête, qui craint la culbute, que s'il est exercé par 700 danseurs de corde, qui sont toujours prêts à faire le saut périlleux.

Les privilégiés qui détiennent le pouvoir en République savent parfaitement que leur règne n'aura pas de durée, et qu'à l'inverse des loups, les républicains se mangent entre eux. Nous en avons la preuve depuis 35 ans. Aussi, leur premier et principal soin est-il de faire de bonnes affaires personnelles pendant qu'il en est temps. Comme on ne fait pas des affaires à soi seul, qu'il faut qu'il y ait toujours une contre-partie et des gens qui vous aident, les délégués s'entendent entre eux pour gruger la partie de la société qui est gouvernée, jusqu'au jour où de nouveaux affamés crient : « Au scandale, on « déshonore la République. Les gens au pouvoir ne sont « pas de vrais républicains, ce ne sont pas les amis du « peuple, etc. »

C'est ainsi, qu'aujourd'hui, nous voyons figurer à la droite de la Chambre et du Sénat, des gens qui auraient été à la gauche il y a trente-cinq ans. Tous ces privilégiés successifs ont d'autant plus grugé le peuple, qu'ils étaient plus affamés en arrivant au pouvoir, qu'ils prévoyaient ne pas y être longtemps, qu'il savaient se retrouver après dans une situation meilleure qu'avant, et qu'en tombant, ils cesseraient de gagner, mais ne perdraient pas.

Sous un régime monarchique, au contraire, les privilégiés du pouvoir font une chute réelle en tombant. Ils ne cessent pas de gagner, ils perdent. Leur intérêt est donc de diriger les affaires en ménageant les intérêts du peuple. Voilà pourquoi on n'a pas vu sous les monarchies autant de troubles que nous en voyons en France depuis trente-cinq ans.

Comme je l'ai dit en parlant de l'aristocratie et de la démocratie, les privilégiés de l'intelligence et du mérite ont toujours été accueillis dans l'aristocratie quand ils en étaient dignes, car c'est l'intérêt de cette dernière d'avoir dans son sein les hommes les plus capables de bien mener les affaires publiques. Elle sait, par l'expérience de 1789, combien il en coûte de ne pas être à hauteur de sa tâche.

Le rôle des privilégiés n'est pas de flatter le pouvoir, c'est de l'aider à bien administrer en s'opposant aux abus de pouvoir du gouvernement et aux prétentions non justifiées du peuple.

Ce qui nous perd aujourd'hui, c'est que les privilégiés flattent les mauvaises passions du gouvernement et du peuple. J'en redis la preuve *irréfutable* : c'est que toute la lie du peuple applaudit au régime actuel. Le peuple est toujours le maître pour changer un gouvernement, et le fait d'un changement de gouvernement prouve que celui qui tombe était mauvais, car il ne peut être changé que s'il est mauvais. Donc, les changements nombreux que nous avons eu dans la République et la multiplication des troubles, prouvent que notre régime est mauvais, puisque malgré les satisfactions successives accordées aux réclamants, le prolétaire se plaint de plus en plus.

C'est une preuve aussi que la richesse ne fait pas le bonheur ; on pourrait même dire qu'elle fait le malheur, dès lors que plus il y en a, plus on se plaint. Il faut chercher la cause de cette souffrance dans l'état moral de la nation. Le privilégié ne sait pas posséder et le prolétaire ne sait pas fixer à ses désirs de justes limites, parce que l'un et l'autre ne puisent pas à la bonne source les principes de Liberté, d'Égalité et de Fraternité. Non seulement ils négligent la religion qui les a apportés au monde, mais ils la traitent en ennemie, pour s'adresser au socialisme, à un faussaire. En effet, de l'examen que nous avons vu de la religion chrétienne, il résulte que tous les principes que le socialisme met en avant pour établir les droits de l'homme, y sont contenus, mais ils y sont accompagnés de principes qui établissent aussi les devoirs de l'homme, car il ne peut pas y avoir équilibre s'il n'y a pas des devoirs correspondants aux droits et en assurant la satisfaction. Le vice des privilégiés actuels, c'est de ne voir que les droits. Il y a dès lors violence et injustice vis-à-vis de ceux qui sont obligés d'y satisfaire.

RÉSUMÉ ET CONCLUSION

Les grands principes de Liberté, d'Égalité et de Fraternité ont été apportés au monde par la religion chrétienne, qui a bien déterminé les droits et les devoirs de chacun, et le christianisme a triomphé du paganisme parce qu'il établissait ces trois principes de manière que tous puissent en jouir et aussi parce qu'il ne cherchait pas à établir une égalité contre nature.

Le socialisme, rêvant une Égalité injuste, a forcément supprimé la Liberté et la Fraternité pour les uns en les réclamant absolues pour les autres. En agissant ainsi, il n'a pas détruit les privilégiés. Il a remplacé des privilégiés qui se reconnaissaient des devoirs, par des privilégiés qui prétendent n'avoir que des droits.

Le résultat a été plus d'un siècle de troubles et l'anéantissement de la puissance française devant le développement des puissances voisines. La richesse a augmenté en France, mais elle s'est accrue autour de nous dans des proportions plus considérables, et la France ne pèse plus dans la balance européenne comme autrefois. La partie saine de la population est écrasée entre le privilégié jouisseur et le privilégié envieux et fainéant, qui, ne se reconnaissant pas de devoirs, s'attribuent tous les droits.

Devant les désordres intérieurs qui prennent chaque année des proportions plus inquiétantes, il n'y a qu'un remède pour la partie honnête des Français, car la majorité est honnête au fond, quoiqu'elle semble aveuglée depuis trente-cinq ans, c'est de redemander à l'enseignement religieux les conditions dans lesquelles une société peut jouir de la liberté, établir l'égalité et pratiquer la fraternité, afin de négliger les privilégiés socialistes et de leur opposer des privilégiés pénétrés de leurs devoirs.

—

CHAPITRE XI

L'IDÉAL

Il m'est tombé sous les yeux deux morceaux de littérature socialiste, dont la lecture a provoqué chez moi les réflexions suivantes : l'un prêchait pour l'homme la recherche de l'idéal, l'autre attaquait le cléricalisme.

Qu'est-ce que l'idéal ?

D'une manière générale, « c'est le type de la perfection ». C'est, si l'on veut, « un monde imaginaire dans lequel se meuvent tous les désirs », ou mieux encore nous dirons avec V. Cousin, qui n'était pas clérical, que « c'est l'échelle mystérieuse qui fait monter l'âme du fini à l'infini. »

Je pense que les socialistes ne renieront pas ces définitions de l'idéal ; elles n'ont rien de clérical qui puisse les froisser. Partant de là, je prétends que les socialistes sont dans le faux quand ils disent : 1° qu'en régime capitaliste, il ne peut y avoir d'idéal, parce que tout se vend et tout s'achète dans la société, qui n'est qu'une immense boutique ; 2° que le cléricalisme, voilà l'ennemi qui empêche les peuples de s'élever vers l'idéal.

1° Si la société est telle que le socialiste nous la montre, si l'homme qui possède est un parasite qui ne fait œuvre ni de son cerveau ni de ses bras, il faut concentrer le capital dans le moins de mains possible, afin de réduire le nombre des parasites et d'augmenter le nombre des travailleurs. On en tirera un double avantage. Il y aura plus de production et les producteurs sauront mieux où s'adresser pour être payés de leurs peines. Ils trouveront plus facilement des capitaux disponibles que si le capital est réparti en de trop nombreuses mains qui ne voudront pas s'en désaisir pour tenter des entreprises hasardeuses. Or, les découvertes sortent pour la plupart d'entreprises dont le succès n'est assuré qu'après expérience coûteuse.

C'est donc grâce au régime capitaliste que nous avons des gens qui éprouvent le besoin de chercher, et d'autres qui peuvent payer les recherches. Les socialistes savent fort bien que l'homme satisfait n'aime pas à se donner du mal et que l'idéal qu'ils font miroiter aux yeux des ouvriers, c'est-à-dire le capital réparti entre tous, soit par l'Etat, soit par la commune, serait la fin de « ces magnifiques travaux d'art dont la hardiesse étonne, de ces découvertes scientifiques qui reculent tous les jours les frontières de l'inconnu. »

En admettant que ce que j'avance là soit faux, s'il y a des hommes qui poussent toujours en avant et apportent à leurs semblables de nouvelles sources de bonheur, il sera juste que ces hommes reçoivent de chacun de leurs semblables une récompense, en outre de la part du bonheur qui leur revient comme à tout le monde ; sans cela, le socialiste voudrait une société ingrate, et loin de lui ce vilain défaut. Par conséquent, à chaque pas vers des frontières nouvelles de l'inconnu, l'équilibre idéal du socialiste sera rompu, car les récompensés par tous se trouveront capitalistes plus importants que la moyenne.

Donc, le règne capitaliste est nécessaire pour marcher vers l'idéal, et il est la conséquence forcée de la recherche de l'idéal.

2° Le socialiste qui poursuit l'idéal et qui voudrait qu'on dise de lui : « il a vécu pour une idée », devrait être religieux, car rien ne s'adresse plus aux idées que les religions en général et la religion catholique en particulier.

Il est un axiôme qui a été constaté depuis que le
monde existe, c'est que *le bien-être tue*. Ce n'est que
depuis le christianisme qu'on voit des riches renoncer à
leurs biens de ce monde pour arriver plus facilement à
l'idéal éternel.

Si le socialiste veut avoir vécu pour une idée, il ne faut
pas que cette idée soit un nivellement qui tuerait infailliblement l'idéal. Il ne faut pas surtout qu'il dise : le
cléricalisme, voilà l'ennemi. Il cesse d'être illogique, il
devient ignorant ou faussaire, quand il accuse le cléricalisme d'être *faux, hypocrite, rampant, gluant, infâme*
et *lâche*.

En quoi le cléricalisme est-il faux ?

Est-ce dans sa doctrine ?

Non, il n'y a pas de preuves matérielles de la vérité
religieuse comme il y en a de la pesanteur de l'air, par
exemple, parce que la vérité religieuse s'adresse à la
partie immatérielle de l'homme et ne peut pas être traitée
comme les choses matérielles. Mais pour peu qu'on
réfléchisse, on est obligé de dire avec Voltaire en regardant une horloge :

> Pour ma part, plus j'y pense et moins je puis songer
> Que cette horloge marche et n'ait point d'horloger.

Ce qui est vrai pour une horloge l'est pour tout, et
pour le monde dans son ensemble plus que pour chaque
chose en particulier.

Les preuves morales des vérités chrétiennes sont
tellement nombreuses et fortes, que la doctrine chrétienne
est la plus répandue dans le monde. Tous les systèmes
philosophiques qui ont essayé de la remplacer ont échoué.
Le socialisme aura le même sort, car l'homme a besoin

de croire à quelque chose d'immatériel. Les quelques sujets qui font exception à la règle générale ne changeront pas les aspirations naturelles de la majorité. Le socialiste qui ne reconnaît qu'un maître, la majorité, devrait donner l'exemple en s'y soumettant dans ce cas-là. Pourquoi veut-il qu'on se soumette à la majorité dans d'autres cas, plutôt que dans celui-là ?

Le cléricalisme n'est donc pas faux.

Est-il *hypocrite ?*

Pas davantage. Il s'enseigne et se pratique les portes ouvertes dans les églises. Ses ministres portent des habits spéciaux, qui indiquent à tous leur caractère et les empêchent de passer inaperçus. Il n'en est pas de même des francs-maçons, qui ont des signes de reconnaissance secrets et dont les temples sont fermés aux profanes.

Le cléricalisme est-il *rampant ?*

Non, c'est un défaut qui vit en compagnie des deux premiers. Le cléricalisme est tout l'opposé de ce qui est rampant. Par sa doctrine, il élève l'homme au-dessus de la terre, il lui présente l'idée de l'éternité et lui montre son âme faite à l'image du créateur. Quelle élévation ! Matériellement, rien n'est moins rampant que les monuments qui lui sont consacrés et qui parlent aux yeux du corps comme sa doctrine parle à l'âme. Les cathédrales comme Cologne, Strasbourg, Notre-Dame et Saint-Pierre n'indiquent pas que l'idée religieuse ait fait ramper les architectes qui les ont édifiées.

Qu'entend-on par *gluant ?*

Je reproduis ce mot parce que je l'ai lu dans une tirade socialiste, mais j'avoue que j'aurais voulu en voir l'explication. Elle n'y était pas. Du reste, les autres défauts qu'on y attribuait au cléricalisme n'étaient pas plus expliqués ni plus démontrés, mais les expressions pouvaient aisément se comprendre. Ici, il n'en est pas de même. Si une idée peut être rampante, c'est-à-dire terre à terre, je ne vois pas comment elle peut être gluante. Si le mot s'adresse aux cléricaux, si on entend leur reprocher de persévérer avec patience dans la propagation de leur doctrine, c'est à tort. En premier lieu, ils sont dans leur rôle. Puisque leur Dieu leur a dit : « Allez, enseignez toutes les nations... », ils doivent enseigner sa religion. En second lieu, cette doctrine ayant détruit les ignominies du paganisme, s'étant montrée supérieure à toutes les doctrines philosophiques connues jusqu'à ce jour, les cléricaux sont en droit de se croire utiles à la société en la répandant. Enfin, ils sont loin de s'imposer aux gens malgré eux, surtout si on les compare à ceux qui les persécutent.

Les *infamies* relèvent de la justice.

Or, la Gazette des tribunaux, les registres de la police, les journaux quotidiens sont là pour prouver que le cléricalisme fournit beaucoup moins de coupables que n'importe qu'elle autre classe de la société.

Quant à la *lâcheté*, toute son histoire prouve que ce n'est pas là son défaut.

Il est né dans le sang, disent les socialistes. C'est vrai, mais c'est dans son propre sang. Je ne pense pas que les socialistes, qui veulent avoir vécu pour une idée, puissent traiter de lâches ceux qui meurent plutôt que de renier une idée ou pour la propager, comme les martyrs et les missionnaires. A notre époque, où étaient les braves lors des expulsions de religieux ? Etait-ce du côté des agents de Combes, qui se faisaient soutenir par les gendarmes et la troupe contre des gens sans armes, ou était-ce du côté des cléricaux qu'on volait et qui n'opposaient que les titres d'après lesquels ils avaient le droit de vivre ?

Je sais bien qu'il y a eu des actes comme la Saint-Barthélemy, que les socialistes jettent à la tête des catholiques. Mais les socialistes se savent bien de mauvaise foi, car ces actes faits par des catholiques étaient des actes politiques, faits par eux quoique catholiques. Car personne n'a prétendu que le cléricalisme rendait les gens impeccables. Il les aide à chercher la perfection en leur indiquant le moyen d'y arriver ; mais comme il n'est pas gluant, il n'est pas toujours là pour les empêcher de tomber.

Les socialistes méritent beaucoup plus que les cléricaux d'être traités de lâches, car il y a une véritable lâcheté à induire en erreur des gens comme les ouvriers, qui ne peuvent pas, faute de temps, vérifier les assertions à l'aide desquelles on les porte à des désordres qui nuisent à tous, mais surtout à eux-mêmes.

J'ai cité déjà la fable du bouc et du renard qui étaient descendus dans un puits. Le lâche, c'est le renard qui sort grâce au bouc et le laisse dans la peine. Ici, le lâche c'est le socialisme, qui prélève sur les salaires des ouvriers de quoi porter le trouble dans la société et qui laisse l'ouvrier gros Jean comme devant, alors que le cléricalisme demande au riche de soutenir le pauvre et obtient même parfois du riche l'abandon complet de ses biens pour se soumettre à la discipline de la vie religieuse, comme le prouve quantités d'actes de donations. Je ne pense pas que le socialisme puisse traiter de lâche celui qui quitte tout pour aller porter aux sauvages les bienfaits de la civilisation.

Gambetta, qui jeta le premier le cri : « Le cléricalisme, voilà l'ennemi », reconnaissait que l'anticléricalisme n'était pas un article d'exportation. J. Ferry partageait son opinion, cependant l'auteur des décrets de 1880

n'était pas clérical. Avant eux, Napoléon Ier mettait dans
ses circulaires au sujet des missionnaires : « *Les religieux
me seront très utiles en Asie, en Afrique et en Amérique. Ils
coûtent peu, sont respectés des barbares ; le zèle religieux leur
fait entreprendre des travaux et braver des périls qui sont
au-dessus des forces d'un agent civil.* » (1)

Napoléon Ier, plus logique et peut-être aussi plus intelligent que M. Combes et nos socialistes, que Jules Ferry
et Gambetta, avait autorisé le rétablissement en France
des Séminaires de Missions et des Ordres religieux ensei-
gnants, qui préparent des sujets pour les séminaires.
Car, s'il n'y a plus d'éducation religieuse, il n'y a plus
de missionnaires, et s'il n'y a plus de missionnaires, il
n'y a plus de ces *agents qui entreprennent des travaux et
bravent des périls au-dessus des forces d'un agent civil.*
Napoléon Ier se connaissait en bravoure et en lâcheté ;
son témoignage n'est pas suspect. Il a été plus loin que
nos législateurs, il a emprisonné le pape. Mais Napoléon
était instruit, intelligent et ne se laissait pas aveugler par
des passions mesquines comme nos socialistes. Il savait
qu'il y a quelque chose au-dessus de la science matérielle.

Loin de moi la pensée de dénigrer la science, mais
l'homme qui borne sa vue à la science matérielle, limite
son horizon et se tient plus éloigné de l'idéal que celui
qui élève en outre vers l'infini son âme, c'est-à-dire la
partie immatérielle et idéale de son être.

La science matérielle et la science religieuse s'accordent
très bien ensemble. Si les socialistes connaissent l'histoire
de la science matérielle, ils savent que les savants de
l'antiquité ont tous été conduits à elle par la recherche
de la science idéale, c'est-à-dire religieuse, par la philoso-

---

(1) État des Congrégations, 17 prairial an XII et 2 germinal an XVIII. —
Taine, *Régime moderne.*

phie. C'est la religion chrétienne qui a vulgarisé l'instruction profane et c'est encore elle qui de nos jours pousse les peuples sauvages à s'instruire. Les peuples où le christianisme n'a pas pénétré, les Chinois et les Musulmans, par exemple, comptent un très petit nombre de lettrés, qui tiennent le pouvoir et maintiennent le peuple dans l'ignorance.

Ce sont les religieux qui nous ont conservé et transmis ce que nous avons des connaissances scientifiques des anciens. C'est au cléricalisme que l'Université doit sa naissance.

Tout cela prouve que le socialisme a raison de vouloir que l'homme travaille et meure pour une idée, mais dès lors qu'il veut qu'on recherche l'*idéal*, il ne faut pas qu'il attaque, surtout qu'il attaque à faux le cléricalisme, qui vise l'idéal le plus sublime qui ait été proposé à l'homme.

Quel idéal peut avoir le socialisme ?

Tout le monde semblable ?

Mais c'est folie, comme je l'ai déjà exposé, l'égalité sur terre sera impossible, car elle est contre les lois de la nature. Ni les êtres humains, ni les bêtes, ni les végétaux ne sont égaux à la naissance ; la vie et la mort ne dépendent pas de la volonté humaine, par conséquent les hommes n'auront jamais la possibilité de faire tous la même chose. Les uns faisant plus et les autres moins, par suite des forces physiques et intellectuelles et du temps qu'on passe sur terre ; il y aura toujours inégalité entre les hommes.

Comme l'idéal du socialisme repose principalement sur l'égalité, dès lors que l'égalité est impossible, le socialisme poursuit une chimère, et comme cette poursuite trouble les esprits qui n'ont pas le temps de s'en rendre compte, le socialisme est dangereux pour le peuple ; car non seulement le peuple n'a pas le temps de sonder à fond les doctrines socialistes, mais il ne peut pas voir à quel point les meneurs socialistes vivent à ses dépens. Il est donc prouvé que le socialisme possède tous les défauts dont il accuse le cléricalisme et qu'il est l'ennemi de l'idéal. Car si les socialistes étaient de bonne foi, ils reconnaîtraient que la religion chrétienne est ce qui élève le plus l'intelligence humaine.